AF648562

Carl-Auer

Fritz B. Simon

Einführung in die (System-)Theorie der Beratung

Dritte Auflage, 2025

Reihengestaltung: Uwe Göbel
Umschlag: Heinrich Eiermann
Redaktion: Vera Kalusche
Satz: Verlagsservice Hegele, Heiligkreuzsteinach
Printed in Germany
Druck und Bindung: CPI books GmbH, Leck

MIX
Papier | Fördert gute Waldnutzung
FSC® C083411
www.fsc.org

CPI klimaneutral
Mehr Bäume. Weniger CO_2

Dritte Auflage, 2025
ISBN 978-3-8497-0031-7 (Printausgabe)
ISBN 978-3-8497-8566-6 (ePub)

Bibliografische Information der Deutschen Nationalbibliothek:
Die Deutsche Nationalbibliothek verzeichnet diese Publikation in der Deutschen Nationalbibliografie; detaillierte bibliografische Daten sind im Internet über http://dnb.d-nb.de abrufbar.

Informationen zu unserem gesamten Programm, unseren Autoren und zum Verlag finden Sie unter: **https://www.carl-auer.de/**.
Dort können Sie auch unseren Newsletter abonnieren.

Carl-Auer Verlag GmbH
Vangerowstraße 14 • 69115 Heidelberg
Tel. +49 6221 6438-0 • Fax +49 6221 6438-22
info@carl-auer.de

Inhalt

Einleitung

Beratung und Berater sind keine geschützten Begriffe. Das mag einer der Gründe dafür sein, dass wir heute lebenslänglich von Beratern und Beratungsangeboten begleitet, ja, umzingelt werden. Schon ungeborene, ja sogar ungezeugte Kinder werden zum Thema der Beratung. Das Spektrum reicht von der genetischen Beratung potenzieller Eltern über die Schwangerschaftsberatung, die (Früh-)Erziehungsberatung, die Schul- und Studienberatung, die Ehe-, Familien- und Lebensberatung zur Vermögens- und Anlageberatung, Schuldnerberatung, Verbraucherberatung, Berufsberatung, Rechts- und Steuerberatung, Organisations- und Unternehmensberatung bis hin zur Politikberatung.

Wenn Begriffe in solch unterschiedlichen Kontexten und mit manchmal sogar gegensätzlichen Bedeutungen verwendet werden können, dann liegt das daran, dass ihre Popularität offenbar mit ihrer Vieldeutigkeit steigt.

Und dennoch gibt es im Fall der Beratung eine Gemeinsamkeit: Wo immer beraten wird, kommunizieren Menschen. Oder anders gesagt: *Alle Formen der Beratung sind Formen der Kommunikation.* Daher eröffnet die Kommunikationstheorie einen Weg, unterschiedliche Typen der Beratung gegeneinander abzugrenzen und zu vergleichen. Wie bei jeder Kommunikation werden im Beratungsprozess implizit oder explizit drei »*Sinn*dimensionen« verhandelt (vgl. Luhmann 1984, S. 112 ff.): Es geht (1) um sachliche Inhalte – die »Sachdimension«, (2) um die Beziehung(en) von Teilnehmern an Kommunikation – die »Sozialdimension«, und (3) um Fragen der zeitlichen Ordnung von Prozessen – die »Zeitdimension« (was sowohl Sach- wie Sozialthemen betreffen kann).

Daraus ergeben sich einige charakteristische Fragen: Welches ist, beispielsweise, die angemessene Beziehungsform zwischen Berater und Ratsuchendem, wenn es um fachlich-sachliche Fragen wie etwa bei der Rechtsberatung, der Steuerberatung oder der

IT-Beratung geht? Wie unterscheidet sie sich von der Beziehung, wenn es um Persönliches und Intimes geht wie in der Ehe- oder Familienberatung? Wie steht es um die Beziehung, wenn im privaten, d. h. einem nicht-professionellen Kontext beraten wird – wenn Freunde, Nachbarn, Eltern, Kinder, Partner sich gegenseitig mit Rat und Tat unterstützen? Last, not least: Vor welchem *Zeithorizont* spielt sich Beratung ab? Wie lange dauert sie? Wann fängt sie an, wann hört sie auf? In welchen Abständen findet sie statt? Usw.

All dies sind Fragen, die den drei Sinndimensionen der Kommunikation zugeordnet werden und zur Kategorisierung unterschiedlicher Beratungsformen dienen können. Solch eine Analyse ist im Einzelnen der Mühe wert, da sich daraus Konsequenzen – Handlungsanweisungen – für die Beratungspraxis ergeben.

Beratung ist vergleichbar mit einem »Spiel«, das mindestens zwei Parteien erfordert: Eine sucht Rat (oder ihr wird Rat angeboten, obwohl er gar nicht gesucht wird – soll ja gelegentlich vorkommen), die andere übernimmt die Rolle des Beraters (was nicht unbedingt heißt, dass sie Rat »gibt«). Beide Parteien kommunizieren und schaffen dadurch gemeinsam ein Kommunikationssystem – das *Beratungssystem.* Es geht, ganz unabhängig vom Thema der Beratung, immer um die Gestaltung dieses Kommunikationssystems, die keine der beteiligten Parteien einseitig steuern kann oder unter Kontrolle hat – wie bei einem Spiel, bei dem ebenfalls zwei oder mehr Akteure in der Interaktion miteinander den Spielverlauf und manchmal auch die Spielregeln bestimmen.

Daher ist es für Ratsuchende wie für Berater (ob sie diese Rolle nun professionell oder als Privatpersonen innehaben) nützlich, sich im konkreten Fall darüber Gedanken zu machen, welche Form der Beratung beim gerade verhandelten Thema nützlich sein könnte. Denn Beratung ist ja keine zweckfreie Kommunikation, sondern Mittel zum Zweck. Und für unterschiedliche Zwecke braucht man eben manchmal unterschiedliche Mittel.

Ziel der hier präsentierten Einführung ist, Beratern wie Ratsuchenden eine Orientierungshilfe zur Verfügung zu stellen, einen Ariadnefaden, an dem sie sich durch das Labyrinth der Beratungswelt hangeln können. Es geht darum, eine gewisse Ordnung in den chaotisch anmutenden Markt der Beratung und der Beratungsmethoden zu bringen und die unterschiedlichen Rollen und Funktionen von Beratern in der Beziehung zu ihren Kunden und Klienten zu sortieren. Denn für unterschiedliche, manchmal gar entgegengesetzte Ziele der Beratung erweisen sich, wen wundert's, unterschiedliche Wege als unterschiedlich nützlich; und mit ihnen sind nicht nur unterschiedliche Formen der Beziehung zwischen Berater/Beratungsteam und ihren Beratungskunden/Kundensystemen verbunden, sondern auch unterschiedliche Abläufe und Strukturen des Beratungsprozesses, die ein unterschiedliches Zeitbudget erfordern.

Dass sich hinter dem Begriff Berater verschiedene Funktionen, d. h. unterschiedliche Tätigkeiten und Aufgaben verbergen, wird deutlich, wenn wir beispielhaft auf den englischen Sprachgebrauch schauen. Das deutsche Wort Berater kann dort mit »advisor«, »consultant« oder »counsellor« übersetzt werden. Es sind Rollen, die jeweils in anderen sozialen Kontexten beheimatet sind, bei denen es um andere Inhalte geht und mit denen andere Beziehungen zwischen Berater und Beratenem verbunden sind. Wer sich diese Differenzen nicht bewusst macht, hat gute Chancen zu scheitern – sei es als Berater, sei es als Ratsuchender.

Daher ist diese Einführung in erster Linie für denjenigen gedacht, der sich auf den professionellen Weg macht, Berater zu werden bzw. Beratung zu lernen. Er kann überprüfen, welche Art der Beratung zu ihm passt. Sie kann aber auch von Beratungsklienten genutzt werden, die schon einmal gedanklich testen wollen, welche Art der Beratung für sie hilfreich sein könnte.

Da als gemeinsamer Nenner aller Formen von Beratung der Prozess der Kommunikation betrachtet werden kann, liegt es nahe, jede Theorie der Beratung auf Basis einer Theorie menschlicher Kommunikation zu entwickeln. Sie bildet die Grundlage der hier verwendeten neueren soziologischen Systemtheorie und des Konstruktivismus, einer Erkenntnis- und Wissenschaftstheorie, die praxistauglich ist. Vorwissen und Theoriefreude werden vom Leser, das sei ausdrücklich betont, *nicht* verlangt (sie schaden aber auch nicht). Alle verwendeten Modelle werden, soweit nötig, erläutert.[1]

Obwohl im Folgenden ein konzeptueller Rahmen entwickelt wird, der es im Prinzip erlaubt, unterschiedliche Formen, Methoden und Zwecke der Beratung zu differenzieren, liegt der Schwerpunkt bei den aus der Systemtheorie abgeleiteten Ansätzen der Beratung. Um die Theorie »zu erden«, ist jedem größeren Theoriekapitel ein Abschnitt angefügt, in dem die jeweiligen praktischen Konsequenzen diskutiert werden.

Noch eine Bemerkung zum Sprachgebrauch: Obwohl eine große Zahl von Beratern weiblichen Geschlechts ist, wird hier – zugegeben: politisch unkorrekt – der Einfachheit halber nur die männliche Form des Begriffs verwendet. Er steht obendrein auch dann, wenn die Beratung von einem Beratungsteam vollzogen wird. Lediglich wenn spezifische Aspekte der Teamarbeit angesprochen werden, wird explizit zwischen Berater und Beratungsteam unterschieden. Eine weitere, eher willkürliche Wahl des Sprachgebrauchs betrifft die Bezeichnung für den- oder diejenigen (Singular oder Plural), die auf die Dienstleistungen von Beratern zurückgreifen. Auch für sie gibt es eine Unmenge von – teilweise kontextspezifischen – Bezeichnungen. Findet die Beratung im psychosozialen Feld statt, so wird meist von Klienten gesprochen, im Feld der Ökonomie von Kunden. Daneben gibt es noch Mandanten, Coachees, Patienten, Ratsuchende, Kundensysteme usw. Wiederum der Einfachheit halber werden im Folgenden die beiden Begriffe Klient und Kunde bzw. Kundensystem verwendet. Ein Bedeutungsunterschied ist mit ihnen nicht intendiert, da es in allen Fällen um die Rolle des Beratenen geht, auch wenn die Beratung in gesellschaftlich gegeneinander klar abgegrenzten Feldern oder Subkulturen erfolgt.[2]

---

1 Der näher an den theoretischen Grundlagen Interessierte sei hier verwiesen auf: Simon, F. B. (2006): Einführung in Systemtheorie und Konstruktivismus. Heidelberg (Carl-Auer), 6. Auf. 2013.

2 Für Anregungen und Korrekturen danke ich Gerhard Krejci.

1 Der Berater und sein Klient/Kunde als Beobachter

1.1 *Unterscheiden und Bezeichnen: Beschreiben*

Jeder Beobachter konstruiert sein Bild der Welt, indem er bestimmte kognitiv-affektive Prozesse vollzieht. Das basale Element jeder Wirklichkeitskonstruktion besteht im *Unterscheiden* (»distinction«) und *Bezeichnen* (»indication«) (vgl. Spencer-Brown 1969). Ein *Raum, Zustand* oder *Inhalt* in irgendeinem Phänomenbereich x (»markierter Raum, Zustand oder Inhalt«) wird gegenüber dem Rest der Welt (»unmarkierter Raum, Zustand oder Inhalt«) abgegrenzt. Vergleichen lässt sich dies mit dem Zeichnen eines Kreises: Die Innenseite der Grenze (des Kreises) wird von der Außenseite vollständig getrennt (Abb. 1).

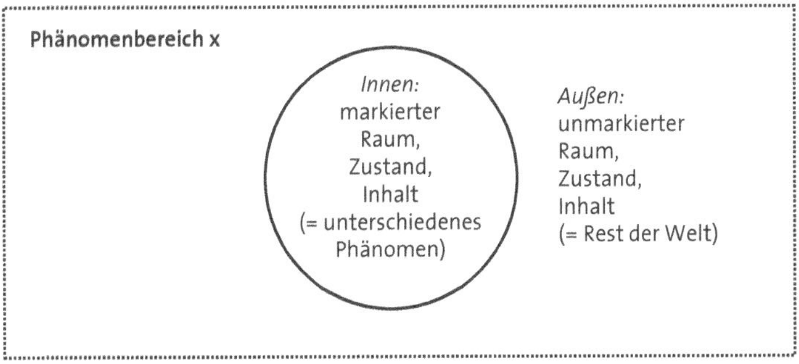

Abb. 1: Unterscheiden

Werden Unterscheidungen in der dreidimensionalen Welt des Raums verortet, so entstehen Gegenstände, Objekte, Körper; werden sie in der Dimension Zeit vollzogen, so entstehen Zeiteinheiten (Sekunden, Minuten, Stunden, Jahre, Epochen usw.).

Das Ziehen von Grenzen einerseits, das Auflösen von Grenzen andererseits bildet nicht nur das Grundprinzip allen Beobachtens, sondern jeder Strukturbildung. Aber Unterscheiden allein stellt noch kein Beobachten dar. Denn es bedarf eines doppelten Unterscheidens, um zu beobachten: Eine erste Unterscheidung *(distinction)* in irgendeinem Phänomenbereich a (z. B. ein sinnlich wahrgenommener Gegenstand, etwa ein Gefäß aus Ton) wird mit einer zweiten Unterscheidung in einem Phänomenbereich b, dem Bereich der Zeichen *(indication)*, gekoppelt, indem sie, beispielsweise, mit einem Namen versehen oder anderweitig bezeichnet wird (z. B. »Blumentopf«; Abb. 2).

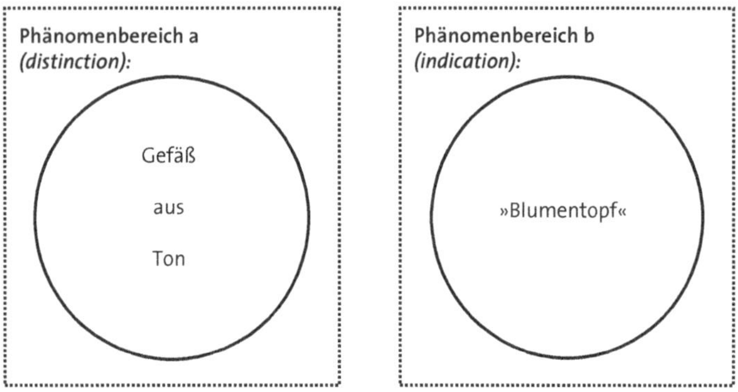

Abb. 2: Unterscheiden und Bezeichnen

Da die Merkmale irgendwelcher beobachteter Phänomene und die Charakteristika von Bezeichnungen sich unterscheiden, ist es wichtig, sich darüber klar zu sein, dass sich die beiden Phänomenbereiche in ihrer inneren Logik und Funktionsweise radikal unterscheiden können. So bleiben z. B. die Namen der meisten Menschen, Firmen oder Produkte ihr Leben lang oder zumindest über lange Zeit unverändert, während die Menschen, Firmen usw. sich und ihre Eigenschaften dramatisch wandeln können. Daher ist es bekanntlich gefährlich, Speise und Speisekarte oder auch Landschaften und Landkarten zu verwechseln (vgl. Korzybski 1933, S. 58).

Solche Verwechslungen liegen immer dann vor, wenn wir abstrakte Begriffe (z. B. »Krankheit«, »Problem«, »Lösung«, »Unglück«, »Gewinn«, »Verlust«, »Erfolg«, »Scheitern«) verdinglichen, weil wir sie bewusst oder unbewusst analog zu Objekten in einer dreidimensionalen Welt konzeptualisieren, uns zu ihnen wie zu Gegenständen in Beziehung setzen und sie entsprechend behandeln (»Kalorien: Das sind so kleine Dinger, die in Süßigkeiten drin sind; im Würfelzucker können sie quadratisch sein, in der Banane können sie auch krumm sein«, Zitat aus der ARD-Fernsehsendung »Dingsda«, in der Kinder Begriffe definieren).

Beobachten ist – das muss hier deutlich betont werden – kein passiver Prozess, bei dem irgendwelche *gegebenen* Phänomene abgebildet werden, sondern es findet ein *aktiver Selektionsprozess* statt. Aus der unendlichen Vielfalt und Variation wahrnehmbarer Daten wird vom Beobachter (in der Regel unbewusst) eine Auswahl getroffen, er behandelt sie als Einheiten bzw. als »Phänomene« und sie geraten – aus welchen Gründen auch immer – in seinen *Fokus der Aufmerksamkeit* (= »markierter Raum, Zustand, oder Inhalt«) und werden von ihm bezeichnet; andere Daten treten in den Hintergrund und wieder andere landen im »blinden Fleck« und werden überhaupt nicht wahrgenommen (= »unmarkierter Raum, Zustand oder Inhalt«); und manche werden zwar wahrgenommen, aber nicht benannt, sodass sie in der Regel nicht ins Bewusstsein treten und über sie nicht kommuniziert werden kann.

Es geschieht aber auch, dass Namen und Begriffe vom Beobachter oder in der Kommunikation verwendet werden, für die sich keine oder nur schlecht unterscheidbare (wahrnehmbare) Phänomene finden lassen (»Geister«, »das Paradies«, »der gegenwärtige König von Deutschland«, »genitale Reife« usw.).

Schon bei der Auswahl der beobachteten Phänomene können Beobachter radikal unterschiedlich verfahren. Das gilt nicht nur für Berater und ihre Klienten, sondern auch für die Mitglieder jedes sozialen Systems (z. B. einer Familie, eines Teams, einer Organisation, die Bürger eines Landes). Auch die Verwendung einzelner Worte kann eine große Variationsbreite aufweisen. Was mit ihnen jeweils gemeint ist, erweist sich in ihrem Gebrauch (vgl. Wittgenstein 1952, §§ 7–10, S. 241 f.).

Für die Theorie der Beratung lässt sich feststellen, dass der Berater die Wirklichkeit meist anders als seine Klienten oder Kunden konstruiert (und das ist auch gut so, denn sonst würde er seine Kunden nur in ihrer Weltsicht bestätigen können).

Doch die Selektion der beobachteten Phänomene und ihre Bezeichnung ist nur einer von mehreren Schritten des Prozesses, den ein Beobachter bei der Konstruktion seiner Wirklichkeit vollzieht. Er soll im Folgenden *Beschreiben* genannt werden.

Praktische Konsequenzen:
Beratung besteht zu einem guten Teil aus verbaler Kommunikation. Klienten erzählen ihrem Berater ihre Sicht der Dinge, der Berater hört ihre Worte, fragt, kommentiert und gibt gelegentlich auch Ratschläge. Manchmal verwendet er dabei auch (s)eine Fachsprache. Die Annahme, beide – Berater und Klient – wüssten, was ihr Gesprächspartner jeweils meint, ist ziemlich verwegen. Erst wenn geklärt wird, welche *Unterscheidungen* jeder mit den von ihm *verwendeten Worten* koppelt (= meint), können Berater wie Kunden Hypothesen über die Wirklichkeitskonstruktion des jeweils anderen entwickeln.

Die damit verbundene Komplexität lässt sich relativ einfach reduzieren, indem gegebenenfalls nach den *Merkmalen* der *beiden* Seiten der Unterscheidung gefragt wird. Beispiel: »Woran erkennen Sie/andere/ich ..., dass es sich bei einem Gegenstand um einen »Blumentopf« handelt« (= Merkmale der Innenseite der Unterscheidung). Und weiter: »Welche Merkmale sind nicht zu beobachten, wenn es sich *nicht* um einen Blumentopf handelt« (= Außenseite der Unterscheidung = die definierenden Merkmale der Innenseite fehlen).

Dieses Prinzip der Wirklichkeitskonstruktion des Individuums kann als universell angenommen werden, und deswegen kann solch eine Frageform zu ihrer Analyse in allen Beratungsmethoden angewandt werden (zur Gefäß-Metaphorik vgl. Lakoff u. Johnson 1980, S. 39 ff.).

1.2 Die Konstruktion von Kausalität: Erklären

Mit der Selektion irgendwelcher Phänomene und ihrer Beschreibung ist der Prozess des Beobachtens noch nicht abgeschlossen. Pragmatisch hat sich bewährt, drei Aspekte der Wirklichkeitskonstruktion zu unterscheiden: (a) das gerade skizzierte Unterscheiden und Bezeichnen (= *Beschreiben* von Phänomenen), (b) die Konstruktion von Ursache-Wirkungs-Beziehungen (= *Erklären* von Phänomenen) und (c) die affektiv-kognitive Evaluation und Konnotation des Geschehens (= *Bewerten* von Phänomenen).

Für die meisten Phänomene lassen sich unterschiedliche Erklärungen konstruieren: Ob es regnet, *weil* von Schweden das Azorenhoch nicht wie erwartet nach Süden gewandert ist oder *weil* der indianische Regentanz, der Sonntagvormittag inszeniert wurde, gewirkt hat, lässt sich nicht mit letzter Sicherheit entscheiden. Daher hat der Beobachter stets die Möglichkeit, zwischen unterschiedlichen *Hypothesen* zu wählen. Er konstruiert »generierende Mechanismen« (Maturana u. Varela 1978, S. 238) für ein Phänomen, d. h. eine Abfolge von Ereignissen bzw. Prozessschritten, die das beobachtete Phänomen hervorbringen würden, falls die Hypothese der Wahrheit entspräche. C. S. Peirce (1898, S. 193) unterscheidet diese Form des Schließens von Induktion und Deduktion und nennt sie »Retroduktion« bzw. »Abduktion«.

Falls solch eine Hypothese nicht durch die Erfahrung falsifiziert wird, dient sie als Grundlage des Handelns. (Ein Mann geht händeklatschend durch die Straßen und trifft einen Bekannten. »Warum klatschst du in die Hände?« – »Um die Elefanten zu verscheuchen!« – »Aber hier sind doch keine Elefanten!« – »Siehst du: Es wirkt!«; vgl. Watzlawick 1983, S. 51 ff.)

Es geht bei der Hypothesenbildung aber nicht allein um aktuell zu beobachtende Phänomene (z. B. die Abwesenheit von Elefanten), sondern auch um zukünftige Phänomene, die erst herbeigeführt werden sollen. Wo immer Ziele oder Sollzustände definiert werden, gibt es auch Ideen, auf welche Weise, mit welcher Methode oder auf welchem Weg sie zu erreichen sind.

Erklärungen für eine angestrebte oder befürchtete Zukunft bestimmen das aktuelle Handeln von Einzelnen wie auch von sozialen Systemen mindestens so sehr wie ihre Vergangenheit, denn die Kausalitäts-Ideen, an denen sich Akteure in ihrem Handeln orientieren, beruhen meist auf Erfahrungen in der Vergangenheit (= Lernen).

Berater haben – ihrer jeweiligen Theorie und Philosophie entsprechend – ebenfalls Erklärungsmodelle, an denen sie ihr Handeln, ihren Rat wie ihre Tat, orientieren. Und sie werden oft gerade deswegen engagiert, weil sie alternative Wirkzusammenhänge konstruieren und sehen.

Wer wissen will, wie er ein bestimmtes technisches Projekt realisieren kann, bei dem ihm das nötige Fachwissen fehlt, wird einen Experten um Rat fragen. Darauf beruht das Prinzip der *Fachberatung:* Ein Fachmann verfügt über Erklärungen (d. h., er konstruiert Ursache-Wirkungs-Beziehungen), die dem Laien verschlossen sind. Daher kann er zu Handlungsweisen raten, auf die sein Klient oder Kunde ohne ihn und seine Unterstützung nicht käme. Allerdings ist es mit der Expertise von Fachleuten so eine Sache: Es gibt Bereiche – vor allem in der unbelebten Welt, in der die »hard sciences« ihre Erfolge feiern –, da gibt es so etwas wie aktuell akzeptierte Wahrheiten innerhalb der Scientific Community. Im Bereich der sogenannten »soft sciences« ist die Lage etwas komplizierter: Entweder der beobachtete »Gegenstand« ist von außen nur schwer oder gar nicht beobachtbar (wie die Psyche anderer Menschen) oder aber so komplex, dass die Konstruktion schlichter Ursache-Wirkungs-Beziehungen von vornherein aussichtslos ist (wie in *allen* sozialen Systemen, sei es eine Paarbeziehung, ein Unternehmen oder die Weltwirtschaft). In diesen Bereichen ist ein Konsens der Fachleute weder zu erwarten noch zu erhalten. Die Erklärungsmodelle konkurrieren und sind oft ideologisch eingefärbt. Auch Fachfragen betreffen daher fast nie allein die Sachdimension der Kommunikation, sondern meist auch die Sozialdimension, etwa Fragen des sozialen Aushandelns persönlicher Identitäten sowie der Beziehung der Beteiligten und ihrer Gestaltung über die Zeit.

Praktische Konsequenzen:

Wer als Berater das Handeln seiner Klienten/Kunden verstehen will, muss darauf schauen, welche Erklärungen sie konstruieren. Und wenn er ihr Handeln beeinflussen will, dann muss er dazu beitragen, dass sich ihre Erklärungen verändern können. Dies kann auf vielfältige Weise geschehen: durch Information, durch Einsicht, durch neue, korrigierende Erfahrungen usw.

Doch damit dies geschehen kann, müssen sich Berater und Klient/Kunde erst einmal darüber einig werden, dass eine Beratung überhaupt nützlich und sinnvoll sein kann. Das Schließen eines Beratungskontraktes ist aber mit Fallstricken versehen, da die Auswahl des Beraters und der Beratungsmethode weitgehend von den Erklärungen des Kunden geleitet wird. Bei rein fachlich-sachlichen Fragen, bei denen es um fachliches Know-how geht, ist die Suche nach dem passenden Berater relativ unproblematisch. Der Kunde kennt die Grenzen seiner Kompetenzen und kann sich schlau darüber machen, welcher Berater bzw. welche Beratungsform hier sein Defizit kompensieren könnte.

Ganz anders ist die Situation, wenn es sich um die Lösung von Problemen bzw. die Beantwortung von Fragen handelt, in denen der Kunde sich selbst für kompetent erachtet (z. B. Managementberatung, Organisationsberatung, Erziehungsberatung, Eheberatung). Er ist jeden Tag mit der Notwendigkeit konfrontiert, Entscheidungen zu treffen. Das tut er entsprechend seiner Ursache-Wirkungs-Vorstellungen. Wenn er damit keinen Erfolg hat, dann hat er ein »Problem«. Nun sucht er erfahrungsgemäß die Lösung nach dem »Mehr-desselben-Muster« (vgl. Watzlawick et al. 1974, S. 51 ff.). Wenn er damit immer noch nicht sein Ziel erreicht, dann stellt er in der Regel nicht seine Erklärungsmodelle infrage, sondern sich selbst bzw. sein Wissen oder Können. Die Konsequenz: Er sucht einen Berater, der professionell das tut, womit er selbst bereits gescheitert ist.

Die Wahrscheinlichkeit, dass der Beratungskunde den für das Erreichen seiner Ziele falschen Berater engagiert, ist daher ziemlich groß. Dessen sollten sich Berater wie Klient bewusst sein. Es gilt also, die dem Beratungsauftrag zugrunde liegenden Lösungsideen (»Wege zum Ziel«) infrage zu stellen. Denn im Allgemeinen erhält man als Berater – unabhängig von der vertretenen Methode – von seinen Klienten nicht den Auftrag, ein bestimmtes Ziel zu erreichen, sondern einen bestimmten Weg zu gehen (»Wir brauchen eine Teamentwicklung!«). Wenn dieser Auftrag unkritisch angenommen wird, führt das mit einer gewissen Wahrscheinlichkeit zum Scheitern der Beratung.

1.3 Evaluation und Konnotation: Bewerten

Jedem Unterscheiden liegt ein Bewerten zugrunde, das heißt, den beiden Seiten der Grenze wird jeweils ein anderer *Wert* vom Beobachter zugeschrieben (vgl. Spencer-Brown 1969, S. 5).

Das beginnt bereits bei der Wahrnehmung, wo schleichende minimale Veränderungen von Werten nicht unterschieden werden können. Dieses Phänomen wird ganz gut durch das berühmte Beispiel von dem Frosch illustriert, der sich ohne Gegenwehr abkochen lässt, wenn man ihn in kaltes Wasser setzt und dann langsam die Temperatur erhöht (minimale Veränderungen der Temperaturwerte können von ihm nicht unterschieden werden); würde man ihn gleich in heißes Wasser werfen, würde er strampelnd versuchen sich zu retten (das gilt für das Abgekochtwerden in anderen Lebensbereichen ebenfalls: Schleichender Wandel wird nicht bemerkt).

Wo keine unterschiedliche Bewertung vollzogen wird, werden Alternativen de facto miteinander identifiziert, das heißt, es ist »egal«, ob die Option a oder b gewählt wird. Daher sind Bewertungen von zentraler Bedeutung, wo immer es um *Entscheidungen* geht.

Solche Bewertungen von Alternativen können rein sachlicher Natur sein, etwa im Sinne einer Kosten-Nutzen-Rechnung, der Auflistung von »Pros« und »Cons«, der Qualifikation oder Disqualifikation als nützlich oder schädlich, progressiv oder reaktionär, alt oder neu, angestrebt oder abgelehnt, gekonnt oder dilettantisch, gelungen oder misslungen, schuldig oder unschuldig, angenehm oder unangenehm, schön oder hässlich, lustvoll oder ekelerregend usw.

Die letzten Beispiele berühren den über die Sachebene hinausgehenden, weit spannenderen Bereich: *affektive Bewertungen.* Sie färben alle zur Entscheidung stehenden Fragen, die nicht aufgrund rein sachlicher Kriterien beantwortet werden können (was nur selten der Fall ist). Oder anders formuliert: Erst Fragen, deren Antworten »nicht errechnet« werden können (= »unentscheidbare Fragen«, von Foerster u. Pörksen 2003, S. 158 ff.), *können/müssen* entschieden werden. Denn wo die »richtige« Option mithilfe eines Verfahrens objektiviert werden kann, gibt es nichts mehr zu entscheiden. Wo immer erst die Zukunft zeigt, welche der zur Wahl stehenden Alternativen (nach welchen Kriterien auch immer) »richtig« oder »falsch« ist, muss entschieden werden.

Unentscheidbarkeit (im Sinne der *Unberechenbarkeit* der »richtigen« Option) ist daher der Normalfall, das heißt, *Ambivalenz* ist eine angemessene Reaktion!

In der Situation gewinnen Intuition, Spekulation und Bauchgefühl (als Niederschlag von Erfahrung) eine zentrale Funktion (vgl. Gigerenzer 2008). Sie sind bei unterschiedlichen Personen unterschiedlich, sodass intrapsychische wie interpersonelle Konflikte nicht nur vorprogrammiert und zu erwarten, sondern funktionell (!) sind. Denn wo diverse Aspekte möglicher Konsequenzen und Nebenwirkungen von Entscheidungen in den Blick genommen werden, geht es immer um die Balancierung von Widersprüchen und das Management von Paradoxien.[3] Und wenn es um Gefühle geht, geht es immer auch darum, wessen Gefühle die Entscheidungen bestimmen (bzw. wer sich mit seinen nicht immer logisch begründbaren Argumenten durchsetzt), das heißt, es geht um die *Beziehungsebene* der Kommunikation.

Das Handeln von Individuen erklären zu wollen, ohne die Gefühle der Beteiligten in Rechnung zu ziehen, ist immer eine unangemessene Verkürzung, da psychische Prozessmuster sowohl aus logisch-diskursiven als auch aus emotionalen Elementen bestehen (dies zu berücksichtigen, wird üblicherweise als »emotionale Intelligenz« bezeichnet).

Die Begriffe Denken und Fühlen suggerieren eine Trennung und Autonomie der beiden psychischen Funktionsweisen, die faktisch nicht gegeben ist. Denken wird immer durch die damit verbundenen Gefühle gefärbt, Fühlen wird immer durch Gedanken beeinflusst (nebenbei bemerkt ein gutes Beispiel für die Differenz von Unterscheiden und Bezeichnen (zur Einheit der »Affektlogik« vgl. Ciompi 1982).

---

3 Ausführlich dazu siehe Simon, F. B. (2010): Einführung in die Systemtheorie des Konflikts. Heidelberg (Carl-Auer), 2. Aufl. 2012.

Die drei skizzierten Aspekte der Wirklichkeitskonstruktion (Beschreiben, Erklären, Bewerten) sind nicht hierarchisch, sondern heterarchisch geordnet, das heißt, das Bewerten eines Beobachters beeinflusst, welche Phänomene er wahrnimmt und wie er sie erklärt; die Kausalitäten, die er konstruiert, bestimmen, auf welche Phänomene er seine Aufmerksamkeit fokussiert und wie er sie affektiv oder sachbezogen bewertet; und die Selektion der Phänomene, die in seine Wahrnehmung treten oder gebracht werden, bestimmen, wie er bewertet und erklärt.

In unserer Alltagssprache werden diese drei Aspekte der Wirklichkeitskonstruktion in der Regel nicht getrennt. Die meisten verwendeten Begriffe haben eine affektive Konnotation; in vielen sind ganze Theorien über die Entstehung der durch sie bezeichneten Phänomene impliziert; meist sind alle drei Aspekte vermischt. Das aus der Psychoanalyse stammende Konzept des »Widerstands«, das Eingang in viele Beratungstheorien gefunden hat, vermischt z. B. die Beschreibung eines beobachtbaren Verhaltens, seine Erklärung und seine Bewertung. Dasselbe Verhalten ließe sich aber auch als »Kooperationsangebot« (vgl. de Shazer 1982) erklären, was entsprechend zu einer anderen Bewertung führen würde.

Praktische Konsequenzen:

Wenn man nach dem Modell der Ernährungsberatung in Lifestyle-Zeitschriften auf die Vorher-nachher-Unterscheidung einer erfolgreichen Beratung schaut (Foto linke Seite: »vor der Diät« – Foto rechte Seite: »nach der Diät«), dann ist es beim Kunden zu einer Veränderung der Wirklichkeitskonstruktion gekommen. Um dieses Ziel bewusst anzustreben, eröffnet sich pragmatisch der Weg, an der Festigkeit der drei genannten Aspekte der Wirklichkeitskonstruktion entweder getrennt oder auch kombiniert zu rütteln (Irritation).

Beraterische Interventionen können daher auf die Beschreibung der Klienten gerichtet sein, indem z. B. deren Aufmerksamkeit auf Phänomene gerichtet wird, die bislang nicht wahrgenommen oder ausgeblendet wurden. Es können im einfachsten Falle Informationen gegeben werden, die bislang nicht verfügbar waren, Daten gesammelt und neu geordnet werden, sodass sich ihre Bedeutung verändert und Vorannahmen, die als selbstverständlich angesehen wurden, infrage gestellt werden.

Wenn mehrere Personen in den Beratungsprozess involviert sind, dann lässt sich erfahrungsgemäß am ehesten eine Übereinstimmung bei der Beschreibung irgendwelcher Geschehnisse erzielen (auch wenn dies nicht als selbstverständlich zu erachten ist). Deshalb empfiehlt es sich bei dem Versuch, eine gemeinsame Wirklichkeitskonstruktion zu erstellen, stets mit der Beschreibung anzufangen, da die meisten Konflikte erfahrungsgemäß aus unterschiedlichen Erklärungen und Bewertungen resultieren, die mit unterschiedlichen Handlungskonsequenzen verbunden sind (d. h. der Frage, wer was wie wann ändern soll/kann/muss).

Auch durch den Beratungsprozess selbst können neuartige Erfahrungen vermittelt werden, z. B. wenn es gelingt, die Perspektive anderer Teilnehmer an der Beratung offenzulegen oder gar zu verstehen.

Die zweite Interventionsebene betrifft die Konstruktion alternativer Kausalitäten und Wirkzusammenhänge. Es macht ja einen Unterschied, ob das Verhalten eines Menschen als biologisch bedingt oder frei gewählt interpretiert wird. Es gibt für beobachtetes Verhalten immer mehr als nur eine Erklärungsmöglichkeit. Pragmatisch ist es daher meist nützlich, solche Kausalitäten ins Spiel zu bringen, die möglichst viele Optionen zur Veränderung für möglichst viele Akteure – auf jeden Fall aber für den Kunden/Klienten – eröffnen.

Umbewertungen bilden, last, not least, die dritte Interventionsebene der Beratung. Sie wird vor allem dort wichtig, wo Widersprüche und Paradoxien, mit denen der Klient/das Kundensystem konfrontiert ist, nicht gesehen, ausgeblendet oder verleugnet werden. Soziale und psychische Systeme haben stets antagonistische Tendenzen zu balancieren. Es gibt stets unterschiedliche Kriterien der Bewertung, selbst wenn nur ein einzelner Beobachter im Spiel sein sollte. Falsche Sicherheiten sind daher meist das Ergebnis der Ausblendung relevanter Bewertungsperspektiven und -maßstäbe. Hier kann der Berater einen Wandel im Weltbild seiner Kunden induzieren, wenn er als »Anwalt der Ambivalenz« fungiert und die positiven wie negativen Seiten des Status quo wie der erstrebten Veränderungen ins Blickfeld rückt.

1.4 Kommunikation – Soziale Systeme

Beraten lassen sich nicht nur Individuen – individuelle Beobachter – sondern auch Mehr-Personen-Systeme (»soziale Systeme«). Was diese Personen miteinander verbindet und ein soziales System entstehen lässt, ist Kommunikation. Doch der Prozess der Kommunikation muss, wenn individuelle Beobachter autonom ihre Wirklichkeit konstruieren, anders als im Modell des Versendens von Briefen oder Paketen definiert werden.

Zur Illustration ein Beispiel:

Eine berühmte Frage bei Führerscheinprüfungen lautet (sinngemäß): »Sie kommen mit ihrem Auto an eine Kreuzung ohne Schilder, welche die Vorfahrt regeln. Mit ihnen kommen zeitgleich auf allen vier Straßen Fahrzeuge an die Kreuzung. Wie kommen Sie bzw. alle vier Wagen über die Kreuzung?«

Wie dem Fahrschüler, der die Verkehrsregeln gut gelernt hat, sofort klar ist, besteht die Gefahr, dass alle vier Fahrer jeweils dem rechts von ihnen stehenden Wagen die Vorfahrt lassen, weil dies der Rechts-vor-links-Vorfahrtsregel an Kreuzungen ohne Beschilderung entspricht. Da jeder Fahrer einen anderen rechts von sich hat, schließt sich der Kreis zu einer »seltsamen Schleife« (Hofstadter 1979, S. 12) bzw. zu einer »pragmatischen Paradoxie« (Watzlawick et al. 1967, S. 179), bei welcher jeder, der die Vorfahrt hat, jemand anderem die Vorfahrt lassen muss. Logisch ist dieses Problem nicht zu lösen.

Wie kommen also die Fahrzeuge über die Kreuzung? Antwort: indem die Fahrer miteinander kommunizieren. Irgendeiner der Beteiligten muss dem Fahrer links von sich signalisieren, dass er fahren soll (er sucht den Blickkontakt zu seinem Nachbarn und bewegt seine senkrecht aufgerichtete Hand energisch in dessen Fahrtrichtung hin und her – oder so ähnlich). Er versucht dem anderen Fahrer ein möglichst eindeutiges Zeichen zu geben, dass er selbst auf sein Vorfahrtsrecht verzichtet. Doch das allein reicht nicht. Denn der andere Fahrer muss ihn auch verstehen, *d. h. (1) seine Signale wahrnehmen (beschreiben), (2) in dem Sinne interpretieren, dass der eigentliche Inhaber des Vorfahrtsrechts bereit ist, auf es zu verzichten (erklären), und schließlich (3) die Entscheidung treffen, aufs Gas zu treten (bewerten). Wenn er dann – trotz schwerwiegender Bedenken hinsichtlich der Gesetzmäßigkeit seines Verhaltens und des eventuellen Unfallrisikos – losfährt, interpretiert das wiederum der Fahrer, der mit der Hand gefuchtelt hat, dass er* verstanden *wurde. Die Kommunikation ist gelungen.*

Woran erkennt man, dass die Kommunikation gelungen ist? Antwort: Daran, dass die Autos über die Straße kommen ohne einen Unfall zu verursachen.

Dieses zugegeben banale Beispiel ist hier so ausführlich dargestellt, um die *Funktion* von Kommunikation zu verdeutlichen. Sie besteht in der *Koordination* von *Akteuren* und *Aktionen.*

In diesem Verständnis von Kommunikation geht es also nicht wie beim Verschicken von Briefen, E-Mails, SMS etc. um den Transport von »Paketen«, bei denen ein »Sender« bestimmt, welche »Informationen« (Inhalt des »Pakets«) beim »Empfänger« ankommen. In diesem Modell wäre der Sender aktiv, der Empfänger passiv (was dem Muster geradliniger Ursache-Wirkungs-Beziehungen entspricht). Wenn Beobachter in der Art, wie sie Wirklichkeit konstruieren, autonom, d. h. nicht durch irgendwelche äußeren Ereignisse determiniert sind, kann der vermeintliche »Sender« senden, was er will, der vermeintliche »Empfänger« bestimmt immer selbst, was er empfängt. Denn er trifft aktiv eine Auswahl unter den vielfältigen, für ihn wahrnehmbaren Phänomenen (einem Satz, einem Wort, einem Verhalten usw.), indem er ihnen *Bedeutung zuschreibt.* Das heißt, er bestimmt selbst, welche Informationen eine Mitteilung (für ihn) enthält, *nicht* der vermeintliche Sender der Information.

Die sogenannten Sender und Empfänger müssen sich also, wenn sie miteinander interagieren wollen/sollen/müssen, *faktisch* darüber einigen, wie ihr verbales und nonverbales Verhalten zu verstehen ist, wenn sie Zusammenstöße (nicht nur auf Kreuzungen) verhindern wollen. Das Ergebnis muss dabei nicht Übereinstimmung der Weltbilder sein. Es reicht, wenn die jeweiligen Wirklichkeitskonstruktionen so weit zueinanderpassen, dass man miteinander umgehen (d. h. das Verhalten koordinieren) kann (»Viabilität«, Glasersfeld 1997, S. 177 ff.).

Wenn anspruchsvolle gemeinsame Ziele erreicht werden sollen – etwa die Herstellung eines High-Tech-Produktes, wozu das Know-how und die Organisation komplexer Interaktionsprozesse einer Vielzahl von Akteuren erforderlich sind –, steigen zwangsläufig die Anforderungen an die Qualität und Differenzierung der Kommunikation.

Kommunizieren ist in dieser Konzeptualisierung *nicht* als *Handeln* definiert, das ein Einzelner vollziehen könnte, sondern als emergentes Phänomen, zu dessen Herstellung es mehrerer Teilnehmer bedarf. Ohne Kommunikation kein soziales System und ohne soziales System keine Kommunikation. Die Begriffe soziales System und Kommunikationssystem sind daher als synonym zu betrachten (Luhmann 1984).

Allerdings ist Kommunikation kein direkt beobachtbares – sinnlich wahrnehmbares – Phänomen, sondern die *Erklärung* für die *Koordination* von (beobachtbaren) *Aktionen* bzw. *Akteuren.*

Praktische Konsequenzen:

Für den Berater stellt sich die prinzipielle – von Fall zu Fall neu zu beantwortende – Frage, ob die beobachtbaren Interaktionsmuster eines konkreten sozialen Systems durch die beteiligten Akteure (= Beobachter) und ihre Wirklichkeitskonstruktionen zu erklären sind oder die Wirklichkeitskonstruktionen der Beteiligten Akteure durch die beobachtbaren Interaktionsmuster.

Je nachdem, welche Antwort strategisch nützlicher ist, werden sich die Interventionen des Beraters eher auf die Beeinflussung der Wirklichkeitskonstruktionen von Individuen (psychische Systeme) oder aber von Spielregeln der Kommunikation (soziales System) richten müssen. Dies macht pragmatisch einen gravierenden Unterschied, denn Individuen müssen nicht unbedingt ihre Weltsicht oder gar ihren Charakter ändern, um sich anders verhalten und andere Kommunikationsregeln befolgen zu können.

2 Themen der Beratung

2.1 *Fachberatung*

Die meisten Kommunikationstheorien unterscheiden zwischen der Kommunikation über sachliche Inhalte und der über die Beziehung der Teilnehmer an der Kommunikation (»Inhalts- und Beziehungsebene«, vgl. Watzlawick et al. 1967, S. 53 f.). Eine ähnliche Differenzierung soll hier im Anschluss an die neuere soziologische Systemtheorie, wie sie von Niklas Luhmann (1984) entworfen wurde, verwendet werden. Er unterscheidet drei »Sinndimensionen« der Kommunikation: *Sachdimension, Sozialdimension* und *Zeitdimension.* Die Themen jeder Beratung können – wenn auch von Fall zu Fall mit unterschiedlicher Schwerpunktsetzung – diesen drei Dimensionen zugeordnet werden.

In der sogenannten Fachberatung geht es vordergründig um Sachfragen. Doch auch hier läuft immer die Kommunikation über Beziehungsfragen (= Sozialdimension) mit. Denn der Berater ist als der »Wissende«, d. h. der Fachexperte, definiert, während dem Ratsuchenden der Status des »Nicht-Wissenden« oder »Laien« zugewiesen ist. Eine asymmetrische, *komplementäre* Beziehung: Zwei unterschiedliche Rollen ergänzen sich (wie exemplarisch in der Arzt-Patient- oder der Lehrer-Schüler-Beziehung). Über diese Art der Beziehung besteht in der Regel Einvernehmen, schließlich sucht der Kunde den Experten, der über fachliche Kompetenzen verfügt, die er selbst nicht besitzt.

In der Fachberatung ist die Asymmetrie und Komplementarität der Beziehung zwar die stillschweigende Geschäftsgrundlage, aber sie wird meist nicht explizit thematisiert. Trotzdem bzw. gerade deshalb ist die Frage nach dessen Kompetenz zentral für die Wahl des Beraters: Potenzielle Kunden erkundigen sich, wer als Experte ernst zu nehmen ist, und Flüsterpropaganda bestimmt die Reputation des Beraters oder des Beratungsunternehmens und damit dann auch, welcher Berater engagiert wird.

Für den Beratungskunden stellt die Asymmetrie der Beziehung also in der Regel kein Problem dar, weil er sie erwartet und mithilfe des Beraters Zugang zu Wissen oder Können sucht, über das er selbst nicht verfügt.

Fachberater aller Art (vom Steuerberater über den Rechtsberater bis hin zum Diät- oder IT-Berater) bemühen sich daher, ihre Fachkompetenz zu demonstrieren, um Kunden zu gewinnen und möglichst dauerhaft zu behalten. Sie berufen sich deshalb gern auf objektivierbares Wissen, auf wissenschaftliche Wahrheiten, die ihre Rat- und Vorschläge legitimieren und ihre eigene Autorität begründen sollen.

Doch so, wie ein guter Mathematiker nicht selbstverständlich ein guter Mathematiklehrer ist, geht es auch bei der Fachberatung nicht allein um die Sachdimension der Kommunikation, sondern immer auch um die Beziehung zwischen Berater und Klient. Sicher gibt es Bereiche, in denen ein *inhaltlicher* Rat, der erteilt wird, nach wissenschaftlichen Kriterien als gut oder schlecht beurteilt werden kann. Ein guter Ratschlag macht aber noch keine gute Beratung. Denn wenn der Kunde den Rat nicht annimmt, weil er sich von *diesem* Berater nie etwas sagen lassen würde oder vermeintlichen Autoritäten gegenüber *prinzipiell* misstrauisch ist etc., dann reicht die Fokussierung auf die Sachebene nicht für eine gute Beratung. Erst wenn es gelingt, eine Beziehung zu etablieren, die es dem Kunden erlaubt, sich mit dem Berater und seinen Ideen, Meinungen und Vorschlägen auseinanderzusetzen, kann von guter Beratung die Rede sein. Also schon im Blick auf die Berater-Klient-Beziehung muss auch in der Fachberatung immer die Sozialdimension mit beobachtet werden.

Hinzu kommt, dass fast alle Sachfragen und -entscheidungen auch soziale Implikationen für den Klienten haben, die letztlich einen relevanten Kontext für die fachlichen Fragen darstellen, von dem nicht ohne Weiteres abstrahiert werden kann.

Nehmen wir als simples Beispiel die Beratung eines Verbrauchers, welche Waschmaschine er kaufen soll. Über die zur Wahl stehenden Maschinen gibt es jede Menge objektivierbare Daten: Fassungsvermögen, Strom- und Wasserverbrauch, Zahl der Waschprogramme, ihre Dauer, ihre größere oder geringere ökologische Schädlichkeit usw. Aber diese Messgrößen gewinnen erst ihre Bedeutung, wenn sie in Beziehung zur Lebenssituation und den Bedürfnissen und Wünschen des Kunden gesetzt werden. Ein Single in einer Einzimmerwohnung braucht wahrscheinlich gar keine Waschmaschine, wenn ein Waschsalon in seiner Nähe zu finden ist. Ein Familienvater mit sechs kleinen, schmutzenden Kindern braucht womöglich einen Spezialwaschgang für Windeln usw.

Welches die für den Kunden und seinen Lebenskontext »richtige« Maschine ist, kann der Berater nicht wissen. Er muss daher die Frage nach der Qualität unterschiedlicher Produkte relativieren, d. h. zu den Bedürfnissen des Kunden in Beziehung setzen (»Kundenorientierung«). Und damit entfernt er sich von der Sachdimension der Kommunikation und bewegt sich in den Bereich der Sozialdimension. Wenn dann noch hinzukommt, dass auch künftige – vorhersehbare – Veränderungen in die Beratung einbezogen werden sollen (der Single beabsichtigt mit seiner schwangeren, waschmaschinenlosen Freundin zusammenzuziehen), dann kommt auch noch die Zeitdimension ins Spiel (Haltbarkeit des Produkts, Garantie, Anpassungsfähigkeit an sich wandelnde Bedürfnisse usw.).

Daher gibt es so etwas wie »reine Fachberatung« wahrscheinlich gar nicht, denn es geht heute nur noch in einem sehr engen Bereich von Beratung um reines Sachwissen und die vermeintlich harten Fakten – und die können im Zweifel auch durch eine Recherche im Internet geklärt werden. In vielen Beratungsfällen geht es nicht primär oder ausschließlich um Sachfragen, sondern um Entscheidungen, die soziale Konsequenzen haben. Wer setzt sich mit seinen Ideen durch? Welche Auswirkungen hat welche Sachentscheidung für die betroffenen Akteure und ihre Beziehungen zueinander? Usw.

Ganz besonders problematisch wird die Idee einer reinen Fachberatung, wenn es sich um die Beratung sozialer Systeme handelt (sei es einer Paarbeziehung, einer Familie, eines Teams, einer Organisation). Denn hier geht es ja generell immer auch um die Beziehungen der Beteiligten und um soziale Strukturen. Wissenschaftliche »Wahrheiten« sind in diesem Bereich meist umstritten, und der Verweis auf sie verdeckt nur zu oft eine unreflektierte Normativität. Wenn z. B. Unternehmensberater sich auf betriebswirtschaftliche Studien, wie ein erfolgreiches Unternehmen organisiert zu sein hat, berufen, dann geht es dabei in der Regel um butterweiche, schulenabhängige und meist auch interessengeleitete Moden, die eine Haltbarkeit haben wie die der jährlichen Kollektion der Damenoberbekleidung. Fachberatung in diesem Bereich (wie sie etwa von den großen, weltweit agierenden Unternehmensberatungen angeboten wird) ist Etikettenschwindel, wenn sie sich auf Wissenschaftlichkeit beruft. So, wie es im Bereich der Lebewesen nicht nur eine Organisationsform gibt, die mit dem Überleben vereinbar ist (von der Ameise bis zu den Elefanten), gibt es nicht nur die eine, »richtige« Organisationsform, mit der Unternehmen überleben können; genauso wenig, wie es nur eine funktionelle Familienform gibt, oder nur eine Art, eine glückliche Paarbeziehung zu strukturieren. Dennoch gibt es natürlich auch in diesen Bereichen fachliche Erfahrungen und Erkenntnisse, die als Grundlage der Beratung dienen können.

Ganz generell lässt sich über Fachberatung sagen, dass der Berater fast immer mit einem Widerspruch konfrontiert ist: Einerseits verfügt er als Fachmann über eine allgemeine Expertise, die seinem Kunden fehlt, andererseits verfügt der Kunde über ein spezielles Hintergrundwissen über das Kundensystem, das dem Berater fehlt.

Praktische Konsequenzen:
Wer sich selbst als Fachberater definiert, steht vor der Aufgabe, zwei Kontexte der Kommunikation und zwei sich widersprechende Rollen einzunehmen: Bezogen auf das eigene Fachgebiet kann und sollte er sich selbst als Experten definieren, aber bezogen auf die Zwecke und Ziele, für die der Kunde die Expertise des Beraters nutzen will, ist er ein Nicht-Wissender. Er muss sich daher kundig machen, wie, wo und wozu seine Statements, Ideen oder auch

direkten Ratschläge verwendet werden (»Kontextklärung«, »Kundenorientierung«). Für sein »Heimat«-System und seine Bedürfnisse ist immer der Kunde als Experte zu betrachten. In der Fachberatung bestehen also zwei asymmetrische Beziehungsdefinitionen gleichzeitig: Auf der einen Seite ist der Kunde der Wissende, auf der anderen Seite ist es der Berater. Hier ist die Sensibilität des Beraters gefordert, die Expertise des Kunden nicht nur anzuerkennen, sondern zu nutzen, ohne dabei die eigene Expertise abzuwerten (das kann beispielsweise dadurch geschehen, dass er kundenbezogen Fragen stellt, statt Wissen vorzutäuschen und fachbezogen eigene Positionen bezieht, ohne sie zu verabsolutieren).

2.2 Prozessberatung

Wenn bei der Fachberatung offiziell die Kompetenz des Beraters die Sachdimension der Kommunikation betrifft, so liegt sie bei der sogenannten Prozessberatung im Bereich der Sozialdimension. Der Berater ist in der Lage, Kommunikationsprozesse zu initiieren und zu organisieren, die mit einer gewissen Wahrscheinlichkeit (auch auf der inhaltlich-sachlichen Ebene) zu Ergebnissen führen, die vom Kunden oder dem Kundensystem als nützlich oder zielführend bewertet werden.

In der Einzelberatung betrifft das die Kommunikation zwischen Berater und Klient, in der dem Klienten zu Erfahrungen oder Einsichten verholfen wird, die er ohne die Interaktion mit dem Berater nicht gehabt hätte (z. B. im Coaching). Fast alle an psychotherapeutischen Methoden orientierten Beratungsansätze setzen auf eine spezifische Begegnung und die spezifische Form der Beziehung zwischen Berater und Klient. Beispielhaft sind dafür die tiefenpsychologischen Modellen folgenden Beratungsformen in Pädagogik und Sozialarbeit, aber teilweise auch im Coaching. Bei ihnen gilt die Aufmerksamkeit des Beraters dem Interaktionsprozess zwischen Berater und Klient, und er versucht dabei seinem Klienten neue und eventuell korrigierende Erfahrungen zu vermitteln. Bei diesen Ansätzen stellt sich allerdings stets die Frage nach der Abgrenzung von Beratung und Therapie.

In der Einzelberatung wird der Begriff Prozessberatung nicht verwendet, obwohl meist von den Beratern eine hohe Prozesskompetenz verlangt wird (z. B. in allen Formen der psychosozialen Beratung). Der Begriff ist in der Arbeit mit größeren sozialen Systemen im professionellen Kontext geprägt worden, vor allem mit Gruppen, Teams und Organisationen (vgl. Krizanits 2009, S. 74 ff.; Schein 2009, S. 64 ff.).

Bei der Prozessberatung geht es um das Design und die Steuerung von Kommunikationsprozessen, z. B. im Rahmen von Veränderungsprozessen (»Change-Management«, vgl. Doppler u. Lauterburg 2008). Da Kommunikationsprozesse nicht einseitig zu kontrollieren sind, bedeutet Design hier, dass der Berater über ein handwerkliches Können bei der Gestaltung und Leitung von Workshops, Projekten, Großgruppenveranstaltungen und ähnlichen Mehr-Personen-Veranstaltungen verfügt, um Akteure miteinander in einer Form und zu Fragestellungen ins Gespräch zu bringen, die in der Alltagskommunikation keinen Raum finden (z. B. bei Teamtrainings und Teamsupervisionen, Konfliktmediation, Open-Space-Veranstaltungen o. Ä.).

Ihre Wurzeln hat die Prozessberatung in der Aktionsforschung und in den Erfahrungen gruppendynamischer Trainingsgruppen (»T-Gruppen«), die nach dem Zweiten Weltkrieg eine rasante Entwicklung nahmen (vgl. Krizanits 2009).

In Gruppen wird die Dynamik und Strukturentwicklung weitgehend von den Aktivitäten und den Beziehungen der Teilnehmer bestimmt. Es herrscht eine personenorientierte Kommunikation, die immer eine emotionale Relevanz für die Teilnehmer und ihre persönliche Identität hat. Jeder Einzelne ist an der Strukturierung der Gruppe beteiligt, jeder kann Einfluss nehmen, und jeder kann gegenüber dem aktuellen Status quo sein Veto einlegen bzw. durch sein Agieren für Veränderung (sei sie nun als konstruktiv oder destruktiv bewertet) sorgen. Individuen spielen in Gruppen die zentrale Rolle beim Erhalt und Wandel sozialer Strukturen. Diese Individuumzentrierung sorgt dafür, dass Gruppen dauerhafte Hierarchien in den Beziehungen der Teilnehmer nicht aushalten.

Eine für die Beratungspraxis wichtige Erkenntnis des Studiums der Dynamik von Entwicklungsprozessen in lebenden, psychischen und sozialen Systemen ist, dass sie sich nicht per Beschluss beschleunigen lassen (Gras wächst nicht schneller, wenn man daran zieht, und Autonomiekonflikte zwischen Eltern und pubertierenden Jugendlichen kann man nicht durch Senkung des offiziellen Mündigkeitsalters verhindern). Das Bewusstsein für die *Eigenzeit* von Wandlungsprozessen ist zu einem großen Teil den in T-Gruppen gemachten Erfahrungen zu verdanken. Denn soziale Veränderung geschieht nicht in einem vorausberechenbaren, linearen Prozess, sondern sie erfolgt in Stufen und manchmal auch nach dem Prinzip: einen Schritt vor und zwei wieder zurück. Dies zu wissen und mit den damit verbundenen Hoffnungen und Enttäuschungen umgehen zu können, gehört zu den Kompetenzen des Prozessberaters.

In der Nach-68er-Zeit wurde – dem Zeitgeist entsprechend – aus den Erfahrungen in Gruppen das Ideal hierarchiefreier Organisationen abgeleitet. Organisationen wurden als Ansammlung von Gruppen konzeptualisiert, und Veränderung wurde dadurch angestrebt, dass »Betroffene zu Beteiligten« gemacht wurden. Die Personenorientierung der Gruppendynamik und ihr methodisches Instrumentarium wurden auf Organisationen übertragen. Die Prozessberatungsansätze, die sich auf dieser Basis etablierten, lassen sich unter dem Namen »Organisationsentwicklung« (OE) zusammenfassen. Ihre theoretischen Grundlagen haben sie in sozialpsychologischen Modellen, die sich mit den *psychologischen* Wechselbeziehungen in Interaktionssystemen beschäftigen. Die sozialen Strukturen und Prozesse werden erklärt durch die psychischen Strukturen und Prozesse der Teilnehmer am jeweiligen sozialen System.

Als Hauptkritikpunkt an Konzepten und Praxis der Organisationsentwicklung muss der Mangel an einer differenzierten Theorie der Organisation genannt werden. Ein international agierender Konzern kann in seiner Dynamik nicht wirklich durch die Addition und Wechselwirkung der Psychodynamiken der Mitarbeiter erklärt werden. Hier bedarf es einer differenzierteren Organisationstheorie, wie sie beispielsweise im Rahmen systemtheoretischer Modelle entwickelt wurde (vgl. Weick 1979; March u. Simon 1993; Luhmann 2000; Simon 2007; Wimmer 2004; Wimmer et al. 2009; Baecker 2011).[4]

Seit Mitte der 80er Jahre des vorigen Jahrhunderts verwenden viele Berater gern den modischen Begriff »systemisch« für ihre im Prinzip gegenüber den klassischen OE-Ansätzen wenig veränderten Prozessberatungsansätze. Systemisch ist nun mal kein geschützter Begriff, sodass jeder ihn nach Lust und Laune gebraucht (bzw. meint, gebrauchen zu können). Betrachtet man die »systemische Szene«, so orientieren sich die meisten Modelle – auch das der »Systemischen Organisationsberatung« – an Kleingruppen und einer personenorientierten Kommunikation. Das hat seinen Grund unter anderem darin, dass viele der konkreten Beratungsmethoden aus der systemischen Familientherapie übernommen wurden (z. B. der »Mailänder Gruppe« oder der »Heidelberger Gruppe«, vgl. Selvini 1992; Simon u. Rech-Simon 1999). Im privaten Kontext, z. B. in Paarbeziehungen und Familien, bestimmen die psychischen Strukturen und Dynamiken von Individuen die Kommunikationsstrukturen und -dynamiken. Die Übertragung dieser Erfahrungen auf einen organisationalen Kontext ist nur begrenzt möglich und vor allem dort von Nutzen, wo es um sehr personennahe Fragestellungen (z. B. in Teams, Arbeitsgruppen o. Ä.) geht.

Ein ähnlicher Einwand – Organisation als blinder Fleck der Theorie – ist gegen alle primär psychologischen Beratungsansätze zu erheben, seien sie nun gestaltpsychologisch, transaktionsanalytisch, konstruktionistisch oder mit welch anderer Theorie auch immer begründet.

---

4 Ausführlicher dazu: Simon, F. B. (2007): Einführung in die systemische Organisationstheorie. Heidelberg (Carl-Auer).

Praktische Konsequenzen:
Prozesskompetenz ist eine der Voraussetzungen jeder Form der Beratung, sei es nun der Fachberatung oder der Prozessberatung im engeren Sinn. Von Fachberatern wird sie üblicherweise erst unter Schmerzen in der Praxis erworben, wenn sie mit der Anwendung ihrer Fachkompetenz an die Grenzen ihrer sozialen Kompetenz stoßen.

Aber auch die reine Prozessberatung hat ihre Grenzen, wenn der Berater mit Fachfragen oder Fragen der Strukturierung von Organisationen konfrontiert wird. Hier ist er meist nicht antwortfähig. Das muss kein prinzipielles Problem sein, wenn der Klient oder das Kundensystem über die jeweiligen Kompetenzen verfügt und der Berater bereit und fähig ist, sie ins Spiel zu bringen.

2.3 Dritte Wege – Jenseits der Unterscheidung Fachberatung/Prozessberatung

Aus Sicht der neueren Systemtheorie, die zwischen Sach-, Sozial- und Zeitdimension der Kommunikation unterscheidet, erscheint es nur logisch, dass in jeder Form der Beratung alle drei Dimensionen implizit oder explizit Thema der Kommunikation sind. Dennoch kann die Fokussierung auf eine der drei Dimensionen im konkreten Beratungsfall sinnvoll sein. Wenn es um individuelle psychische oder Beziehungsprobleme geht, dann steht die Sozialdimension zwangsläufig im Vordergrund. Das heißt, wo persönliche oder Beziehungsfragen Thema der Beratung sind, tritt die Sachdimension in den Hintergrund. Aber selbst dort verschwindet sie nicht. Denn, beispielsweise, in der Erziehungsberatung kann die Sachfrage, welche Schulform für ein bestimmtes Kind geeignet ist, zentrale Bedeutung gewinnen, und im Coaching kann der Zusammenhang zwischen individuellen Kompetenz- oder Insuffizienzgefühlen und den sachlichen Anforderungen an einen konkreten Job relevant werden.

Generell kann gesagt werden, dass Sachthemen vor allem bei der Organisationsberatung, z. B. der Unternehmensberatung, nicht oder nur schwer auszublenden sind, da das Überleben und der Erfolg von Organisationen nun einmal vom Erledigen sachlicher

Aufgaben und Erfüllen spezialisierter gesellschaftlicher Funktionen abhängen. Deswegen waren die Anfangsformen der Organisationsberatung fast alle auf die Sachebene fokussiert. Die Erfindung der Prozessberatung war daher – aus einer systemtheoretischen Perspektive gesehen – ein Fortschritt. Allerdings wurde die Entweder-oder-Unterscheidung zwischen Fach- und Prozessberatung zum Problem, da hier eine Alternative aufgemacht wurde, bei der sich zwei Einäugige stritten, mit welchem Auge man besser sieht. Ein plastisches Bild entsteht nun einmal erst durch die Kombination beider, sich unterscheidender Perspektiven.

Dieser Einsicht versuchen unterschiedliche Ansätze gerecht zu werden, in denen es stets um diese Bifokalität der Beobachtung geht. Beispielhaft seien hier das Modell der »Komplementärberatung« (Königswieser et al. 2008) und des »Dritten Modus der Organisationsberatung« (Wimmer et al. 2014) genannt.

Bei der sogenannten Komplementärberatung wird die Expertise eines Prozessberaters mit der eines Fachberaters kombiniert, die als Team arbeiten. Dadurch können die Berater – so ist zumindest die Idee – beiden Aspekten des Beratungsbedarfs gerecht werden. Einer der Hintergründe für solch ein Modell ist die Erfahrung, dass über lange Jahre irgendwelche Fachberater schlaue Vorschläge für, beispielsweise, die Umstrukturierung eines Unternehmens machten, die dann in einer Schublade landeten und nicht umgesetzt wurden. Denn die Frage, wie solche Veränderungen jenseits des Beschlusses, es zu tun, realisiert werden könnten, war nicht Teil der Beratung. Daher wurden dann zur »Implementierung« der Vorschläge Prozessberater engagiert, die dafür sorgen sollten, dass die am grünen Tisch entwickelten Pläne zur neuen Wirklichkeit der Organisation würden (was, wie bei anderen Plänen, oft nicht funktionierte). Wenn Fach- und Prozessberater zusammenarbeiten, so das Konzept, lassen sich Design und Architektur eines Veränderungsprozesses von vornherein in die Planung mit einbeziehen.

Ein Problem solch eines komplementären Beratungsansatzes ist, dass Fachberater als Fachexperten in der Regel ihren Kunden ein anderes Beziehungsangebot machen als Prozessberater. Daher kommt es im Beratungsteam zu Konflikten darüber, wie man dem Kundensystem begegnet – ob in einer symmetrischen oder asymmetrischen Beziehung. Der Kommunikationsaufwand, um die Aktionen der Teammitglieder zu koordinieren – vor allem in Großprojekten – kann sehr mühevoll sein.

Einen anderen, hier beispielhaft präsentierten Weg offeriert der sogenannte »Dritte Modus der Beratung«. Er orientiert sich nicht so sehr an der klassischen Unterscheidung zwischen Fach- und Prozessberatung, sondern an systemtheoretischen Modellen. Es ist ein Ansatz, der bewusst mit den drei Sinndimensionen (Zeit-, Sozial-, Sachdimension) umzugehen versucht. Es gibt daher in der Beratung nicht nur einen Fokus im Sinne eines Entweder-oder, sondern stets drei Fokussierungen der Aufmerksamkeit des Beraters oder Beratungsteams (und damit des Beratungsprozesses). Der Unterschied zum komplementären Modell besteht darin, dass die Konflikte zwischen Sach- und Sozialdimension (und die möglichen Konflikte hinsichtlich des Timings irgendwelcher Maßnahmen) nicht auf zwei Rollen verteilt sind (Splitting), sondern dass der Berater oder das Beratungsteam diese Konflikte übernimmt und akzeptiert – wohl wissend, dass sie nicht zu vermeiden sind, wenn intelligente Entscheidungen getroffen werden sollen.

Der Berater/das Beraterteam muss also stets die Frage nach der eigenen bzw. der für den Beratungsauftrag nötigen Sachkompetenz reflektieren und, wenn er/es an eigene Grenzen stößt, externe Kompetenz hinzuziehen. Das kann eine bereits im Kundensystem vorhandene Expertise sein, es kann aber auch eine zusätzlich von außen einzukaufende Dienstleistung sein (z. B. eine juristische oder steuerliche Begutachtung konkreter Pläne oder Vorhaben).

Aus einer systemtheoretischen Sicht müsste – abweichend vom oben zitierten (leider häufigen) synonymen Gebrauch der Begriffe systemische Beratung und Prozessberatung – »systemische Beratung« eigentlich immer *dreidimensional* sein.[5] Denn der

5 Und nach Auffassung des Autors (F. B. S.) sollten sich eigentlich nur derartige »dreidimensionale« Beratungsformen »systemische Organisationsberatung« nennen dürfen (aber wer hört schon auf ihn?).

Unterschied zwischen Fach- und Prozessberatung hebt sich auf, wenn der Fachbereich des Beraters *soziale Systeme* (Paar, Familie, Gruppe, Team, Organisation, Markt usw.) sind. Sein Wissen bezieht sich auf die Logik solcher Systeme, die Bedingungen ihres Überlebens und Sterbens, Funktionalitäten wie Dysfunktionalitäten, den ganzen »Zoo« ihrer praktizierten oder denkbaren Varianten, die Kosten-Nutzen-Relationen verschiedener Systemtypen usw.

Praktische Konsequenzen:

Die genannten drei Sinndimensionen oder Themenbereiche sind für den Berater im Blick auf seinen Auftrag wie auch die Fokussierung seiner Aufmerksamkeit zentral. Denn er muss bei allen Aufträgen relativ schnell Hypothesen darüber entwickeln, ob er zur Erfüllung seines Beratungsauftrags sein Augenmerk eher auf Sachfragen oder Beziehungsstrukturen oder die zeitliche Organisation von Prozessen richten sollte (bzw. welche Kombination dieser drei Aspekte). Hier eine falsche Gewichtung vorzunehmen und wichtige Sach-, Struktur- oder Prozessfragen zu übersehen, macht das Scheitern der Beratung wahrscheinlich. Der Berater braucht also mehrere »Brillen«, durch die er seinen Klienten oder sein Kundensystem beobachtet. Das kann in der Komplexität überfordernd sein. Auch besteht die Gefahr, die Fokussierung des Kunden zu übernehmen, wenn der z. B. ein strukturelles Problem als Sachproblem betrachtet (und an dieser Sichtweise festhält, obwohl er mit dieser Betrachtungsweise bereits gescheitert ist). Hier kann Teamarbeit mit einem Splitting der Aufgaben (Fach- vs. Prozessberatung im Sinne der Komplementärberatung) ein Modell sein. Das Problem des Teams ist dabei allerdings stets, sich über die interne Rollenverteilung bzw. die jeweilige Über- und Unterordnung zu einigen: Was ist wichtiger – die Sach- oder die Sozialdimension? Eine Splitting-Strategie funktioniert nur, wenn die Teammitglieder sich einig darüber sind, ihre Uneinigkeit und den Konflikt als Ressource zu nutzen. Das kann z. B. in der Form geschehen, dass (in Anwesenheit der Kunden) spontan darüber diskutiert wird, ob es für den Erfolg der Beratung nützlicher ist, die Aufmerksamkeit auf die Sach- oder die Beziehungsfragen zu richten (o. Ä.).

3 Kundensysteme und Beratungssysteme

3.1 *Autopoietische Systeme*

Wenn bisher von Kunden oder Klienten der Beratung die Rede war, so wurde damit (wahrscheinlich) das Bild suggeriert, es handle sich um Individuen. Und das ist ja auch oft der Fall, aber nicht immer und nicht zwangsläufig. Denn auch Paare, Familien, Teams, Unternehmen, Universitäten, Krankenhäuser, Regierungen usw. können sich beraten lassen.

Dagegen kann eingewendet werden, es seien immer konkrete Menschen, die einen Berater engagieren. Doch wenn sie das, beispielsweise, im Auftrag einer Organisation und in Ausübung ihrer institutionellen Rolle und Funktion tun, so kann diese Aktion der Organisation als handelnder Einheit *(Akteur = »juristische Person«)* zugeschrieben werden (und rechtlich geschieht das auch). Innerhalb der Organisation und durch die Organisation ist es zur Suche nach einem Berater und schließlich auch zum Auftrag an ihn bzw. das Beratungsunternehmen oder Beraterteam (o. Ä.) gekommen. Es müssen also auf beiden Seiten der Beratungsbeziehung nicht unbedingt natürliche Personen stehen, die handeln, sondern es können auch soziale Systeme sein.

Was Individuen als *psychische Systeme* und *soziale Systeme* aus Sicht der neueren Systemtheorie miteinander verbindet, ist, dass beide als Sinnsysteme definiert werden können, d. h. als Systeme, in denen bzw. durch die Sinn prozessiert wird (vgl. Fuchs 2005; Luhmann 1984), und dass beide eine »autopoietische« Organisationsform aufweisen (vgl. Maturana 1975; Luhmann 1984; Simon 1988, 1990).

Wenn ein Individuum einem Ereignis einen Sinn zuschreibt oder dies in der Kommunikation geschieht – wenn also individuell oder kollektiv Wirklichkeit konstruiert wird –, so werden dieselben Prinzipien des Zuweisens oder Absprechens von Bedeutung wirksam. Psychische Prozesse und Kommunikationsprozesse zeigen eine analoge Dynamik und folgen der (in Kapitel 1 skizzierten) Logik von Beobachtungsprozessen, nur dass in der Kommunikation die Gedanken und Gefühle des einen Teilnehmers an die des anderen anschließen, während sie in der Psychodynamik des Individuums an die eigenen Gedanken und Gefühle anschließen. Deswegen kann Kommunikation als eine Art »Mehrhirndenken« begriffen werden (vgl. Simon 2004, S. 14 ff.).

Mit dem Begriff Autopoiese ist zunächst in der Biologie das charakteristische Merkmal von *Leben* benannt worden (Maturana 1975). Lebende Systeme erzeugen sich gewissermaßen selbst (griech. *autós,* »selbst«, und *poíesis,* »Schöpfung«, »Herstellung«) durch ihre eigenen Operationen (bei Organismen: den Stoffwechsel). Sie bilden eine Grenze (Haut) zwischen einem Bereich innen (Organismus) und einem Bereich außen (Umwelt). Analog zu den oben skizzierten Operationen des Beobachters wird durch derart organisierte Prozesse eine Innen-außen-Unterscheidung hergestellt. Im Unterschied zu dem Zeichnen eines Kreises auf einem Blatt Papier bleibt diese Unterscheidung aber nur solange erhalten, wie diese Prozesse fortgesetzt werden (Abb. 3).

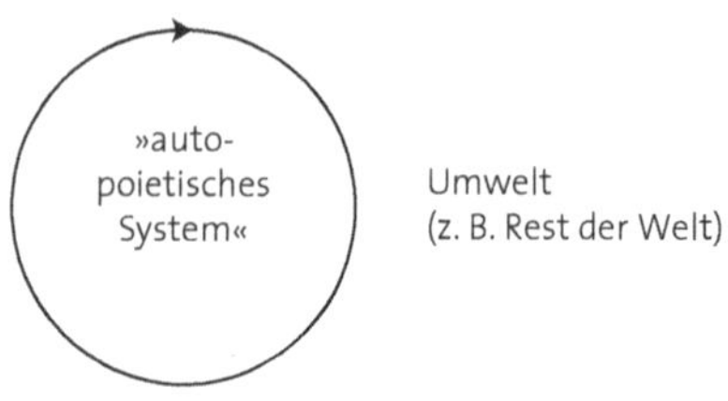

Abb. 3: Autopoietisches System und Umwelt[6]

Solche Prozessmuster, die eine Innen-außen-Unterscheidung schaffen, lassen sich nicht nur im Phänomenbereich der Biologie (= biochemische Prozesse), sondern auch im Bereich von Sinnprozessen

6 Der Vorschlag, autopoietische Systeme durch einen Kreis mit einem Pfeil darzustellen, stammt von Humberto Maturana (pers. Mitteilung); der Kreis symbolisiert eine Unterscheidung, und der Pfeil steht dafür, dass sie das Ergebnis eines andauernden Prozesses ist.

(= psychische Prozesse und/oder Kommunikationsprozesse) beobachten.

Das Wahrnehmen, Denken, Fühlen, Erleben usw. eines einzelnen Menschen (= psychisches System) ist für andere Menschen *nicht* direkt beobachtbar und dadurch ihnen gegenüber abgegrenzt. Auf etwas andere Weise findet die Etablierung einer Innen-außen-Grenze in sozialen Systemen (= Kommunikationssystemen) statt: Durch die Anwendung unterschiedlicher *Spielregeln* der Kommunikation (= »Sprachspiele«, vgl. Wittgenstein 1952, § 7, S. 241) werden unterschiedliche *Kontexte* der Kommunikation und der daran beteiligten Teilnehmer gegeneinander abgegrenzt. *Innerhalb* eines jeden sozialen Systems wird anders kommuniziert als *außerhalb*, das heißt, die »Insider« kommunizieren untereinander anders als mit »Outsidern«. Die Zugehörigkeit wird mit Ausnahme der Systeme, in die man hineingeboren wird (z. B. Familie), kommunikativ erworben (Sozialisation, Aufnahmeritual, Beitrittserklärung, Arbeitsvertrag o. Ä.) und sie wird dauerhaft dadurch erhalten, dass man die jeweiligen Spielregeln zumindest so weit befolgt, dass man nicht ausgegrenzt oder raus geworfen (= exkommuniziert) wird.

Die Bildung unterschiedlicher sozialer Systeme erfolgt also dadurch, dass *qua* Kommunikation eine Innen-außen-Grenze *innerhalb* der allgemeinen, gesellschaftlichen Kommunikation etabliert wird. Die Partner einer Paarbeziehung oder die Mitglieder einer Familie kommunizieren untereinander anders (Intimkommunikation) als mit Fremden, und in jeder Organisation wird kommunikativ festgelegt, welche Personen unter welchen Bedingungen als zur Organisation gehörig anerkannt werden (z. B. durch Abschluss eines Arbeitsvertrags) und welche nicht; ja, es wird auch (teils formell, teils informell) unterschieden, *welche Kommunikationen* als zur Organisation gehörig zu bewerten sind und welche dem Privatleben der Beteiligten zuzurechnen sind (Diskussionen über eine geplante Investitionsentscheidung eines Unternehmens vs. Austausch über erotische Abenteuer der Kollegen im Urlaub).

Wenn von sozialen Systemen gesprochen wird, dann legt es unser Alltagsdenken nahe, uns am Schema der Teil-Ganzes-Unterscheidung zu orientieren und soziale Systeme (= Ganzheiten) als Ansammlung von Individuen (= Teilen) zu konzeptualisieren. Ihre Elemente sind dann »ganze Menschen«, jeweils zusammengesetzt aus Körper und Psyche. Solch eine Konzeptualisierung sozialer Systeme hat aber problematische Konsequenzen: Schon der Körper eines Menschen ist ja ein hoch komplexes System, und seine Psyche ist kaum weniger komplex (wie jeder weiß, der schon einmal versucht hat, seine Mitmenschen zu verstehen oder gar zu »durchschauen«); werden soziale Systeme als Ganzheiten, die aus ihrerseits hoch komplexen biologisch-psychischen Systemen zusammengesetzt sind, betrachtet, *potenziert* sich die Komplexität.

Die Sorge von dieser explodierenden Komplexität überfordert zu werden, schüchtert die meisten Berater ein, die ihre Erfahrungen und Methoden in der Arbeit mit Einzelnen erworben haben. Viele von ihnen vermeiden daher die Arbeit mit größeren sozialen Systemen: Sich auf einen einzelnen Klienten einzustellen, ihn zu verstehen und »dort abzuholen, wo er steht«, scheint schon schwer genug. Wie viel schwerer muss es also sein, sich auf ein Paar, eine Familie, ein Team einzustellen, sie alle zu verstehen, um sie abzuholen, wo sie stehen …?

Bei der Arbeit in Unternehmen, Krankenhäusern, Universitäten usw. mit Hunderten und Tausenden von Mitarbeitern erweist sich die Hoffnung die *Ganzheit* der Organisation durch das Zusammenwirken von Individuen als ihren Teilen erklären oder verstehen zu können als ziemlich absurd.

Die neuere Systemtheorie folgt einer anderen Unterscheidungslogik. Sie hilft, die Komplexität sozialer Systeme so zu reduzieren, dass pragmatisch mit ihr umgegangen werden kann: Biochemische, psychische und kommunikative Prozesse werden als gegeneinander abgegrenzte autopoietische Systeme betrachtet, die füreinander Umwelten darstellen. Vergleichbar ist dies mit der Beziehung zwischen den Spielern und dem Spiel, das sie spielen. Beim Schach etwa bildet die Psyche der Spieler eine Umwelt des Spiels. Sie müssen in der Lage sein, die Regeln zu verstehen und zu befolgen, um mitspielen zu können. Um tatsächlich mitzuspielen, brauchen sie auch noch irgendeine Motivation dazu. Ihr Können, d. h. ihre Raffinesse, ihre Fähigkeit vorauszudenken, ihre Kenntnis der großen Partien der Weltgeschichte usw. wird entscheiden, ob sie jemals Großmeister werden. Aber – und das ist der entscheidende Punkt – die Regeln des Spiels *Schach* (= Kommunikationsregeln, d. h. eines sozialen Systems) können nicht durch die Addition der Psychodynamik der Spieler erklärt werden. Erst *innerhalb* des durch diese Spielregeln vorgegebenen Möglichkeitsraums wird dann die Psyche der Spieler – ihre emotionalen und kognitiven Erfolgs- und/oder Scheiterstrategien –, wieder wichtig und spielentscheidend. Das Spiel mit seinen Regeln ist in dieser Modellierung eine *relevante Umwelt* für die Spieler, die Psyche jedes (!) Spielers eine *relevante Umwelt* für das Spiel (Abb. 4).

Abb. 4: Zwei Typen autopoietischer Systeme/Umwelten

Es gibt in dieser – vom gewohnten Alltagsdenken abweichenden – Konzeptualisierung keine Über-Unterordnungsbeziehung im Sinne der Teil-Ganzes-Unterscheidung zwischen sozialen und psychischen Systemen, sondern beide Systemtypen stehen nebeneinander und bilden füreinander relevante Umwelten. Die Beziehung zwischen autopoietischen Systemen (also z. B. der Psyche eines Menschen und den Kommunikationsmustern seiner Familie oder des Unternehmens, in dem er arbeitet) wird als »strukturelle Kopplung« bezeichnet (Maturana 1975). Damit soll zum einen gesagt sein, dass beide Systeme gegenseitig ihre *autonomen* Verhaltensmöglichkeiten begrenzen, und zum anderen, dass sie sich gegenseitig verstören können – genannt »perturbieren« bei Maturana (1975) und »irritieren« bei Luhmann (1984).

Konkret heißt das: (1) Die Aktionen eines autopoietischen Systems (z. B. eines Individuums, einer Familie, eines Teams oder einer Organisation) sind in ihrer konkreten Ausformung allein durch ihre aktuellen *internen* Strukturen und Prozesse zu erklären (d. h. für die Psyche des Individuums: *Denken und Fühlen* bzw. deren *Muster*; für soziale Systeme wie Familien oder Organisationen: *Kommunikationen* und ihre *Muster*); (2) das Verhalten einer Umwelt (z. B. eines anderen autopoietischen Systems) wirkt nie (!) als »Ursache« für eine berechenbare und vorhersehbare »Wirkung« des Systems; es wirkt als Verstörung (*Irritation/Perturbation*), d. h. als *Anregung* (falls es positiv bewertet wird) oder *Störung* (falls es negativ bewertet wird). Solche Verstörungen werden immer nur entsprechend der aktuellen internen Strukturen beantwortet, das heißt, ein Individuum reagiert auf das, was in der Kommunikation geschieht, stets entsprechend seiner eigenen, unverwechselbaren *psychischen Strukturen*, und ein soziales System reagiert auf die Verhaltensweisen eines Individuums stets entsprechend seiner eigenen, unverwechselbaren *Spielregeln*.

Ein Beispiel von Gregory Bateson illustriert den Unterschied zwischen Ursache-Wirkungs-Beziehungen und derartigen Irritationen: Wenn man einen Stein tritt, dann kann man im Idealfall seine Flugbahn berechnen – wie er fliegt, wie hoch, wie weit, wohin usw., hängt von der aufgewandten Kraft ab, dem Winkel ihrer Einwirkung und ähnlichen, quantifizier- und relationierbaren Faktoren; wenn man hingegen einen Hund tritt, dann hängt seine Reaktion (ob er wegläuft, jault oder beißt) überwiegend von der Qualität seiner internen Prozesse ab (ob er Angst hat, erschrocken oder wütend ist usw.) – allerdings nur falls er den Tritt überlebt (Bateson 1967, S. 520).

Falls autopoietische Systeme mit ihren etablierten Verhaltensmustern nicht erfolgreich sind (z. B. Störungen nicht beseitigen können), sind sie in der Lage zu *lernen*: Sie können ihre internen Strukturen im Laufe ihrer Geschichte verändern. Wenn zwei Systeme gekoppelt sind (wie z. B. Psyche und Körper), dann durchlaufen sie einen Prozess der Ko-Evolution, bei dem sie füreinander – wie ein lange zusammenlebendes Paar – relevante Umwelten füreinander bilden und sie passen im Laufe ihrer gemeinsamen Geschichte ihre Strukturen aneinander an (strukturelle Kopplung).

Praktische Konsequenzen:
Das für die Beratungspraxis wichtigste Merkmal von Individuen wie auch sozialen Systemen ist, dass sie *nicht* wie Maschinen gesteuert oder kontrolliert werden können, sondern *autonom* sind, d. h. ihrer eigenen internen Logik folgen. Was immer ein Berater tut, sagt oder rät, er kann nicht vorhersagen, was sein Kunde bzw. das Kundensystem damit anfangen wird. Er kann im Prinzip also nicht wissen, welche Reaktionen seine Vorschläge, Interventionen oder Kommentare anstoßen. Die – vor allem in der psychosozialen Beratung – populäre Warnung: »Ratschläge sind auch Schläge!« oder die Aufforderung »nondirektiv« als Berater zu arbeiten erscheinen aus dieser theoretischen Perspektive überflüssig. Wenn das Kundensystem – ob Individuum oder soziales System – sowieso autonom agiert (bestimmt durch seine jeweiligen internen Strukturen), dann kann der Berater auch ruhig Ratschläge geben. Der Klient wird sie entsprechend seiner eigenen Prämissen interpretieren und nur das davon übernehmen, was ihm sinnvoll erscheint. Es gibt keine deterministische Ursache-Wirkungs-Beziehung zwischen dem, was der Berater tut oder sagt, und dem, was daraufhin der Klient tut oder was im Kundensystem geschieht.

Das heißt zwar, dass die Macht des Beraters begrenzt ist, es heißt aber nicht, dass es beliebig ist, was er tut. Denn es gibt tradiertes und/oder wissenschaftlich erworbenes Wissen, Erfahrungen, Erlerntes usw., das die Unterscheidung zwischen *besserer* oder *schlechterer* Beratung bzw. *nützlicheren* und *schädlicheren* Interventionen erlaubt.

3.2 *Individuen – Einzelberatung*

Der Begriff Individuum (lat., »Unteilbares«, »nicht zu Teilendes«) setzt bei der Beobachtung des Menschen als psycho-somatischer Einheit an. Trotz der in der Begriffsbildung enthaltenen Aufforderung, hier keine weitere Unterteilung vorzunehmen, unterscheiden wir aber üblicherweise, ob wir das Verhalten eines Menschen ursächlich seinem Organismus oder seiner Psyche zurechnen. In unserem alltäglichen, westlichen Sprachgebrauch ist es Tradition – trotz der durch den Begriff Individuum transportierten Suggestion

–, Psyche und Organismus zu unterscheiden. Eine Spaltung, an der sich seit ewigen Zeiten ideologische Streitigkeiten entzünden (von der Frage nach der angeborenen oder erworbenen Intelligenz über die Genetik der Kriminalität bis zur Frage, ob das Bewusstsein das individuelle Verhalten steuert oder das Gehirn).

Für die Praxis der Beratung spielen diese Fragen letztlich keine Rolle, denn der Berater ist zwar mit dem »ganzen Menschen« konfrontiert, aber er braucht sich um eventuelle biologische Erklärungen des Verhaltens seines Kunden keine weiteren Gedanken zu machen (es sei denn, es handelt sich um eine ärztliche Konsultation). Verbales und nonverbales Verhalten des Kunden wird als Signal behandelt, dem ein Sinn zugeschrieben werden kann. Entweder es wird als *Mitteilung* an andere gedeutet, d. h. als Teilnahme an einem Kommunikationssystem, oder es wird als Ausdruck psychischer Prozesse (z. B. einer spezifischen Psychopathologie) interpretiert. Im ersten Fall sind zwar auch psychische Prozesse beteiligt und notwendig, aber die Erklärung für das Verhalten ist eher in den Spielregeln des sozialen Systems zu suchen als in der Psyche des Betreffenden.

Wer als Radfahrer an einer roten Ampel hält, zeigt ein Verhalten, das hinreichend durch die Verkehrsregeln erklärt werden kann. Wenn er hingegen bei rot durchfährt, ist dieses Verhalten *nicht* durch die Verkehrsregeln bzw. ihre Befolgung zu erklären. Natürlich ist eigentlich auch das Befolgen von Gesetzen erklärungsbedürftig. Aber es ist im Blick auf die psychischen Prozesse und deren Funktionslogik bei Weitem nicht so signifikant wie das Brechen von Gesetzen, weil ihre Befolgung durch die von den meisten Menschen praktizierte – weil das Leben einfacher machende – Erfüllung normativer Erwartungen erklärt werden kann.

Der Berater steht aber immer vor der Frage, ob er das Verhalten eines einzelnen Klienten dessen Psyche oder einem sozialen System bzw. dessen Kommunikationsmustern kausal zuschreiben soll/kann/muss. Unabhängig davon, ob er das eine oder das andere tut, er steht in der Einzelberatung immer vor zwei gravierenden Problemen: (1) dass psychische Systeme anderer Menschen (d. h. Klienten, Kunden) nicht von außen (also z. B. durch Berater) direkt beobachtbar sind, und (2) dass er den sozialen Kontext nicht näher kennt, in dem sein Kunde lebt und arbeitet und in dem sich die Fragen, die ihn in die Beratung geführt haben, aller Wahrscheinlichkeit nach entwickelt haben. Er beobachtet seinen Kunden nicht direkt als Teilnehmer an der Interaktion und Kommunikation seines sozialen »Heimat«-Systems.

Dem außenstehenden Beobachter ist es möglich, das Verhalten eines anderen wahrzunehmen und zu beschreiben. Er kann sehen, was sein Gegenüber tut, und hören, was er sagt. Aber dies sind Prozesse, die sich außerhalb der Psyche im Phänomenbereich der Interaktion ereignen. Wenn dieses Verhalten als Ausdruck psychischer Prozesse »verstanden« wird, so handelt es sich um die Konstruktion einer Erklärung für dieses Verhalten (z. B. die Zuschreibung von Motiven), die der Beobachter (qua Empathie oder aufgrund einer Theorie) vornimmt. Aber es ließe sich immer auch eine andere Erklärung konstruieren.

Diese Ausgangslage kreiert ein Selbstbezüglichkeitsproblem für *alle* Formen der Einzelberatung: Der Berater kann direkt nur ein einziges psychisches System beobachten (sein eigenes Denken, Fühlen, Wahrnehmen, Erleben usw.) sowie ein soziales System, an dem er selbst teilnimmt (die Kommunikation zwischen ihm selbst und seinem Klienten).

In beiden Bereichen findet er zwangsläufig die von ihm selbst (zumindest mit)versteckten Ostereier, denn die Kommunikationsmuster zwischen Berater und Kundensystem werden von beiden Teilnehmern an der Kommunikation gemeinsam (kooperativ, selbstorganisiert) erzeugt, ohne dass einer allein die Kontrolle darüber gewinnen und die Form der Kommunikation einseitig im Sinne einer geradlinigen Ursache-Wirkungs-Beziehung festlegen könnte. Sowohl das Sachthema als auch die Definition der Beziehung zwischen Berater und Kunde und die zeitliche Strukturierung der Kommunikation wird immer implizit in der Interaktion ausge*handelt*.

Als Erster dürfte wohl Sigmund Freud (1912) dieses Phänomen und Problem im Kontext seiner psychoanalytischen Kuren beschrieben haben. Seine Analysanden zeigten ihm gegenüber Gefühle, die offenbar nicht direkt etwas mit den von Freud gezeigten Eigenschaften oder Verhaltensweisen zu tun hatten, sondern – so die Erklärung Freuds – Schemata entsprachen, die ihren Ursprung in Erfahrungen der persönlichen Geschichte der Analysanden hatten (»Übertragung«). Und er beobachtete an sich selbst, dass er dazu passende Gefühle entwickelte (»Gegenübertragung«). Durch derartige zueinanderpassende Erlebensweisen wird es wahrscheinlich, dass sich zwischen den Beteiligten eine ganz spezifische Art der Beziehung entwickelt.

Freud interpretierte dieses Phänomen zunächst als einen Störfaktor der Analyse, später machte er es zur Grundlage seines psychoanalytischen Verfahrens. Dabei versuchte er, die klassisch-wissenschaftliche Subjekt-Objekt-Trennung zwischen Beobachter und beobachtetem Gegenstand in der Kommunikation künstlich herzustellen, indem er sich – für den Analysanden nur noch sehr wenig wahrnehmbar – hinter die Couch setzte und bestrebt war lediglich zu reagieren statt zu agieren (Abb. 5).

Aus einer systemtheoretischen Perspektive ist dazu anzumerken, dass der Psychoanalytiker als Teilnehmer an der Kommunikation durch dieses Setting der Selbstbezüglichkeit seiner Deutungen nicht wirklich entgehen kann: Was immer er von seinem Analysanden wahrnimmt, ist auch Resultat der Sitzung, und was immer er sagt und worüber er auch immer schweigt, ist Teilnahme an der Kommunikation. Denn auch dem Schweigen des Analytikers wird vom Analysanden Bedeutung zugeschrieben: »Man kann nicht *nicht* kommunizieren« (Watzlawick et al. 1967, S. 51).

Was Freud für die Psychoanalyse beschrieben hat, gilt auch für die Beratung, ja, wahrscheinlich für alle zwischenmenschlichen Beziehungen: Wo immer wir mit anderen Menschen in Interaktion treten, greifen wir auf frühere Erfahrungen zurück und machen unseren Interaktionspartnern – bewusst oder unbewusst – spezifische Beziehungsangebote. Wir senden uns »Einladungen zum Tanz«, durch welche nicht nur charakteristische Beziehungsformen wahrscheinlich werden, sondern auch bestimmte Muster der Interaktionsdynamik (»Tanzschritte«). Wenn wir mit anderen Menschen in Kontakt treten, dann haben wir charakteristische

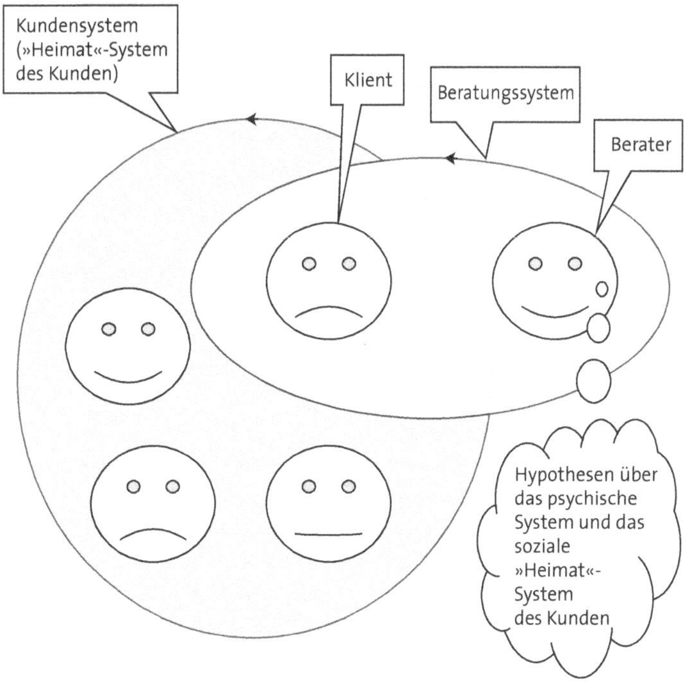

Abb. 5: Das Problem der Einzelberatung: Hypothesen über nicht direkt beobachtbare Systeme

Erwartungen, und wir *erwarten,* dass bestimmte Erwartungen an uns gerichtet werden (»*Erwartungs-Erwartungen*«, Luhmann 1984, S. 396 ff.).

Für den Berater ist es daher in der Einzelberatung von elementarer Bedeutung, nicht nur Hypothesen darüber zu entwickeln, welche Erwartungen an ihn bzw. die Beratung gerichtet werden (Kontextklärung), sondern sich auch seiner eigenen Erwartungen an den Kunden oder das Kundensystem bewusst zu sein (d. h. welche Einladungen zum Tanz er aussendet und welche er mit Vorliebe annimmt und/oder abschlägt).

Da solche gegenseitigen Erwartungen nicht immer und in allen Beratungsansätzen explizit gemacht werden (können) und da sie sich im Verlauf eines Beratungsprozesses auch ändern (können), ist das für den Berater zentrale Instrument der Beziehungsdiagnose die Beobachtung des eigenen *Erlebens* und die Registrierung der eigenen *Handlungsimpulse* (= Empfangen von Einladungen/Beziehungsangeboten). Denn auch wenn er nicht einseitig die Definition der Beziehung zwischen sich selbst und seinem Kunden festlegen kann, so kann er doch versuchen, die Entwicklung der einen oder anderen Art der Beziehung zu fördern oder zu vermeiden. Vor allem kann er sich Gedanken darüber machen, welcher Typus der Berater-Klient-Beziehung für die Ziele der Beratung am nützlichsten und hilfreichsten wäre.

Allerdings ist die Beantwortung dieser Frage nicht so einfach, da die Beratungsbeziehung komplex und oft nicht in schlichte Schemata einzuordnen ist. So ist die Beziehung zwischen einem Fachexperten und einem Laien, der bei ihm Rat sucht, *asymmetrisch*: der Experte als Wissender, der Kunde als Unwissender. Solch eine Asymmetrie kreiert im Allgemeinen für die Beteiligten kein Problem, wenn die Expertise sehr speziell ist und vom Kunden nicht erwartet werden kann, dass er auf diesem Fachgebiet ebenfalls Kompetenzen besitzt. Man will ein Haus kaufen und lässt sich von einem Architekten beraten, welche Kosten für die Reparatur der Heizung und das Neudecken des Dachs usw. voraussichtlich anfallen werden. In solch einem Fall fachlicher Beratung entwickelt man als Kunde erfahrungsgemäß nur selten Selbstwertprobleme aufgrund der Asymmetrie der Beziehung. Ganz anders ist die Situation, wenn man z. B. als Führungskraft, deren Aufgabe das Leiten eines Unternehmens oder einer Abteilung ist, einen Managementberater hinzuzieht. Hier ist die Unterscheidung zwischen Berater/Kunde nicht unbedingt gleichzusetzen mit der Unterscheidung Experte/Laie, denn auch der Kunde ist Experte oder sollte es seiner Rollendefinition nach sein. Wenn er Beratung/den Berater »braucht«, dann kann das als Abwertung der eigenen Kompetenz (von ihm selbst oder anderen) erlebt werden.

Eine weitere Komplizierung erhält die Beratungsbeziehung dadurch, dass in der Kommunikation stets die Machtfrage mit abgehandelt wird: Wer braucht wen mehr? Der Berater den Kunden oder der Kunde den Berater?

Dies ist nicht nur eine Frage der Funktion, die beide füreinander erfüllen, sondern auch ihrer Austauschbarkeit füreinander. Wenn ein Berater eine Expertise oder Kompetenz besitzt, für die es nur ein oder zwei Experten weltweit gibt, dann ist seine Austauschbarkeit gering und seine (Markt-)Macht sehr groß. Wenn er eine Leistung anbietet, die Tausend andere ebenfalls anpreisen, dann hat der Kunde die Wahl und kann die verschiedenen Bewerber zu einem Schönheitswettbewerb laden.

Noch problematischer ist die Lage, wenn der Berater ein größeres Interesse an der Beratung hat als der Kunde. Das ist immer dann der Fall, wenn er den Auftrag auf jeden Fall braucht, weil sonst seine wirtschaftliche Existenz gefährdet ist (daher haben Berufsanfänger immer erst mal mit erschwerten Bedingungen zu kämpfen).

Die Unabhängigkeit des Beraters ist aber generell dann bedroht, wenn die Beratung in einem Kontext der Abhängigkeit stattfindet (z. B. bei der sogenannten »internen Beratung« in Organisationen, wo der Berater in hierarchische Beziehungen eingebunden ist) (vgl. Krizanits 2011).

Eine besondere Situation ist gegeben, wenn der Berater sein eigener Kunde ist, das heißt, wenn ihm das inhaltliche Anliegen der Beratung wichtiger ist als dem Klienten. Das ist z. B. fast immer bei der Politikberatung durch gemeinnützige Stiftungen der Fall. Sie machen aufschlussreiche Studien, deren Resultate eigentlich für die aktuellen politischen Entscheidungen relevant sein müssten, aber niemand interessiert sich dafür. Also wird den politischen Akteuren Beratung angeboten – kostenlos.

Wo immer Beratung kostenlos angeboten wird bzw. nicht der zu beratende Kunde oder Klient die Kosten trägt, stellt sich die Frage, wessen Ziele durch die Beratung realisiert werden sollen. Und die Antwort lautet in der Regel: die Ziele dessen, der zahlt.

Bei gemeinnützigen Stiftungen ist dies offensichtlich. Sie beraten, um den satzungsgemäßen Zielen der Stiftung gerecht zu werden. Dass diese Form der Beratung gelegentlich Ähnlichkeiten mit Missionsprojekten aufweist, darf daher nicht verwundern.

Etwas schwieriger ist die Interessenslage zu durchschauen, wenn, beispielsweise, »Bankberater«, »Vermögensberater« oder ganz allgemein »Kundenberater« tätig werden. Auch sie werden in der Regel nicht von den Kunden, die von ihnen »beraten« werden, bezahlt, sondern bekommen ihren Lebensunterhalt von Dritten finanziert. Der vermeintliche Bankberater entpuppt sich daher meist als Verkäufer, der vertrauensseligen Rentnerinnen Investmentprodukte seiner Bank andreht, und sogenannte Vermögensberater erweisen sich oft genug als Hausierer, die Schiffs- oder Immobilienfonds verticken.

Die Frage, wer welches Interesse an der Beratung hat und wer für sie bezahlt, spielt natürlich nicht nur für die Einzelberatung eine Rolle, sondern auch für die Beratung von größeren sozialen Systemen (z. B. Teams). Aber in der Einzelberatung spielt die Frage nach der Beziehung zwischen Berater und Kunden (Sozialdimension der Kommunikation) deswegen eine besondere Rolle, weil es die *einzige* direkt beobachtbare Beziehung ist, zu welcher der Berater Zugang hat. Wer ein einzelnes Mitglied eines Teams coacht, verfügt über keine direkte Beobachtungsmöglichkeit der Spielregeln der Team-Interaktion; wer eine Ehefrau oder einen Vater berät, weiß nicht, wie sie mit ihrem Mann oder er mit seinem Sohn tatsächlich umgeht. Alle Hypothesen über die Regeln der Kommunikation des sozialen »Heimat«-Systems, in dem der einzelne Klient seinen privaten oder professionellen Alltag verbringt, beruhen daher auf dem, was der Klient erzählt (seiner persönlichen Wirklichkeitskonstruktion), oder dem, was der Berater in der Interaktion mit seinem Klienten erlebt (z. B. angenommene und abgelehnte Einladungen zum Tanz).

Praktische Konsequenzen:
Auch wenn es offiziell allein um Sachfragen bei der Beratung geht, ist es von zentraler Bedeutung, dass sich Berater und Kunde über die Art ihrer Beziehung einig sind. Wer sich über die unterschiedlichen Qualitäten irgendwelcher Produkte – z. B. Lebensversicherungen – beraten lassen will, kann

damit rechnen, dass diese Beratung einen anderen Verlauf nimmt und ein anderes Ergebnis hervorbringt, wenn sie durch einen unabhängigen Berater (z. B. die Verbraucherberatung) erfolgt statt durch einen Versicherungsvertreter, der von unterschiedlichen Anbietern unterschiedlich hohe Provisionen erhält.

Aus Sicht des Beraters gilt, dass die Beziehungsdefinition immer den steuernden *Kontext* der Beratung darstellt: Welche Erwartungen werden vom Klienten an die Beratung und an den Berater gerichtet? Welche Rolle und Funktion soll er übernehmen? Ist ihm nur die Aufgabe zugedacht, schon getroffene Entscheidungen zu legitimieren, oder geht es tatsächlich um die Vorbereitung von Sachentscheidungen? Usw.

Ist die Beziehung zwischen Kunde und Berater nicht geklärt, so zeigt sich dies üblicherweise im Verlaufe des Beratungsprozesses durch immer wieder auftretende Friktionen. Der Klient äußert, beispielsweise, nicht durch die Sache erklärbare Bedenken, verzögert Entscheidungen, wirkt kritisch, unwillig und lustlos, verpasst Termine usw. Es sind Signale des Kunden, dass er nicht zufrieden ist und sich nicht verstanden fühlt oder an der Kompetenz des Beraters zweifelt usw. Der Berater *erlebt* dies (= Einladung sich zu rechtfertigen) als zunehmenden Leistungsdruck, Gefühle des Versagens oder Nicht-Genügens usw. Er wird, wenn er dieses Beziehungsangebot annimmt, zunehmend aktiver, während der Kunde passiver wird. Die Erklärung dafür ist meist, dass der Kunde sich in der Sache selbst für kompetent hält und die inhaltliche Position des Beraters nicht akzeptiert. Das aber heißt, dass er ihn in seiner Rolle als Fachexperte nicht akzeptiert – z. B. wenn er vermutet, er habe es (Beispiel: »Bankberater«) mit einem Verkäufer und keinem Berater zu tun. Dann ist dieser »Widerstand« ganz offensichtlich ein Zeichen rationalen Verhaltens des Kunden (wenn es darum geht, das Verhalten von Klienten zu erklären, ist Rationalität eine These, der man generell folgen sollte).

All diese Phänomene sind in weit stärkerem Maße und häufiger zu beobachten, wenn der Klient aufgrund von Beziehungsproblemen in die Beratung kommt (z. B. im Coaching). Die grundsätzliche Schwierigkeit der Einzelberatung besteht in diesem Fall darin, dass der Berater über keine Außenperspektive auf die Beratungsbeziehung verfügt. Er muss also sein Erleben *in* der Beziehung als Diagnostikum für die sich entwickelnde Beziehung nutzen. Dazu muss er seine eigenen Verführbarkeiten und Reaktionsmuster gut genug kennen, um Einladungen zum Tanz zu spüren, ohne sie blind und automatisch anzunehmen oder abzulehnen. Wenn ein Kunde etwa Schwierigkeiten mit Autoritäten hat, dann ist die Wahrscheinlichkeit groß, dass er sein übliches Verhalten mit Autoritätspersonen auch dem Berater gegenüber zeigt. Wenn der Berater diese Einladung annimmt, wird implizit die Wirklichkeitskonstruktion des Kunden bestätigt, da der Berater das tut, was andere Autoritäten auch getan haben. Aber auch wenn er sie ablehnt und zurückweist, wird der Kunde keine neue Erfahrung machen, sondern lediglich in seinen Vorannahmen bestätigt werden, da er – das ist mit ziemlicher Sicherheit anzunehmen – solche Zurückweisungen auch schon zuhauf erlebt hat. Es geht also darum, einen dritten Weg jenseits von Annehmen oder Zurückweisen der Beziehungsangebote des Klienten zu finden. Er muss entweder in Bezug auf die Einladung einer Weder-noch- oder einer Sowohl-als-auch-Strategie folgen (was eine gewisse Kreativität des Beraters erfordert).

Bei der Beratung von Mehr-Personen-Systemen besteht der große Vorteil, dass charakteristische Beziehungs- und Interaktionsmuster des Kundensystems entweder in der Beratungssituation direkt beobachtbar sind oder aber (z. B. zirkulär) erfragt werden können. Die Beziehung zum Berater muss allerdings auch hier geklärt werden, aber die Einladungen zielen nicht auf die Übernahmen von Funktionen für Einzelne, sondern für das gesamte soziale System.

Generell kann gesagt werden, dass der Berater als Teilnehmer an der Kommunikation (= Innenperspektive/Beratungssystem) auf seinen Bauch *hören*, ihm aber *nicht gehorchen* sollte. Das soll heißen: Er sollte sein Erleben stets daraufhin beobachten, was es ihm über die Beratungsbeziehung und deren Dynamik sagt. Welche Einladungen und Handlungsimpulse spürt er? Wie wird sich die Beziehung zu seinem Kunden entwickeln, wenn er diesen Impulsen folgt/nicht folgt? Erscheint dies eher nützlich oder hinderlich für das Erreichen des Ziels der Beratung? (Wenn es zielführend erscheint, dann kann er seinem Bauch ruhig gehorchen.)

Aber Irrtümer sind natürlich nie ausgeschlossen, selbst bei reflektiertem Handeln, da die Reaktionen anderer Menschen nie berechenbar sind (was nicht heißt, dass man seine Erfahrungen nicht nutzen sollte oder könnte).

3.3 Personenorientierte vs. aufgabenorientierte Systeme – Die Beratung sozialer Systeme

Wenn wir soziale Systeme als Kommunikationssysteme definieren, dann stellt sich die generelle Frage nach den Wechselbeziehungen zwischen psychischen und sozialen Systemen, d. h. zwischen den

Persönlichkeitsstrukturen bzw. individuellen Mustern der Psychodynamik und den Mustern der Kommunikation bzw. sozialen Strukturen. Beide Typen autopoietischer Systeme sind miteinander strukturell gekoppelt und füreinander irritierende Umwelten. Aber Irritation heißt nicht, dass das eine System das Verhalten des anderen im Sinne einer geradlinigen Ursache-Wirkungs-Beziehung bestimmen könnte (d. h. psychische Prozesse legen nicht fest, was in der Kommunikation geschieht, und Kommunikationsprozesse legen nicht fest, was in der Psyche der Kommunikationsteilnehmer geschieht).

Die für die Beratung zentrale (diagnostische) Frage ist, ob in einem konkreten Kundensystem (einer sozialen Einheit) die Kommunikationsmuster mehr von der Psychodynamik der Teilnehmer oder die Psychodynamik mehr von den Spielregeln der Kommunikation bestimmt wird. Obwohl sie im Einzelfall immer wieder neu beantwortet werden muss, gibt es ein paar grundsätzliche Aspekte, welche es erlauben, unterschiedliche Typen sozialer Systeme in dieser Hinsicht zu unterscheiden: Soziale Systeme, deren primärer Zweck das körperliche, psychische und soziale Wohl der Mitglieder ist, zeichnen sich durch die *Personenorientierung* der Kommunikation aus. Personen (d. h. die Bilder, die von den beteiligten Menschen in der Kommunikation entstanden sind) fungieren als *Entscheidungsprämissen* für die Beteiligten: Man stellt sich aufeinander ein und arrangiert sich.

Paarbeziehungen und Familien (bzw. familienartige Lebensgemeinschaften) sind Musterbeispiele diesen Typus sozialer Systeme. Ihre Mitglieder sind in der Regel nur wenig oder gar nicht austauschbar. Ihr Fühlen und Denken bzw. die daraus abgeleiteten Verhaltensweisen und die Bedeutung, die ihnen gegeben wird, bestimmen die Entwicklung der Kommunikationsmuster.

Ursache und Folge der Personenorientierung: Liebe, Sympathie, emotionale Bindung usw. stiften und erhalten die Beziehung; Hass, Antipathie, Abneigung etc. sorgen für ihre Auflösung, d. h. den Abbruch der Kommunikation.

All dies ist ein selbstorganisierter Prozess, es gibt keine Masterpläne für die Entwicklung persönlicher Beziehungsstrukturen, sondern sie werden im alltäglichen Umgang miteinander (im wörtlichen Sinne) ausgehandelt. Die Muster der Interaktion entwickeln und verändern sich, wenn sich die Teilnehmer (physisch, psychisch) verändern. Die Kommunikation passt sich ihren psychischen und biologischen Umwelten (Individuen) an. Wenn z. B. ein Kind in eine Familie geboren wird, dann ändern sich die Muster der Kommunikation für alle radikal, die Beziehungen müssen neu ausgehandelt werden, denn es muss Platz geschaffen werden für das neue Mitglied. Die Ressourcen (Aufmerksamkeit, Zeit, Fürsorge, Geld etc.) müssen neu verteilt werden, die zeitliche Organisation des Alltags muss neu geordnet werden (»Wir sind jetzt auch nachts erreichbar!«), man muss mit einem noch nicht sprachfähigen menschlichen Wesen zu kommunizieren lernen usw.

Natürlich gibt es in diesen – heute dem sogenannten Privatleben zuzurechnenden – Systemen auch Kommunikation über Sachfragen, aber diese Themen sind in der Regel der Personenorientierung untergeordnet. Man muss einkaufen gehen, um was zu essen im Haus zu haben, und man muss Geld verdienen, um die Miete bezahlen zu können, und irgendwer muss den Mülleimer raustragen, die Wäsche waschen usw.

Das Gegenbild am anderen Ende des Spektrums liefern Organisationen, d. h. soziale Systeme, deren Zweck die Erledigung bestimmter *gesellschaftlicher Aufgaben* und *Funktionen* ist. Unternehmen stellen Produkte her, die verkauft werden sollen; Universitäten beforschen Sach- und Fachfragen; Krankenhäuser behandeln Kranke; Schulen bringen Kindern schreiben und lesen bei usw. Natürlich wird in all diesen Organisationen auch personenorientiert kommuniziert (man berichtet vom verregneten Wochenende, man fährt gemeinsam nach Mallorca), aber die Strukturen und das Überleben des Systems werden nicht von den psychischen oder physischen Bedürfnissen der Mitglieder bestimmt. Ganz im Gegenteil: Im Zweifel müssen sich die Mitarbeiter einer Organisation an die formalen und informellen Strukturen und die kulturellen und anderen Kommunikationsmuster der Organisation anpassen. Und, wer krank wird, wird vorübergehend aus der

Organisation entfernt (»krankgeschrieben«), weil die Krankenpflege die Abläufe und Prozesse, die zur Erledigung der Sachaufgaben der Organisation nötig sind, behindern würden.

Auf eine Formel gebracht und idealtypisch zugespitzt lässt sich sagen, dass für das Überleben (d. h. die Fortsetzung der Autopoiese) in privaten, personenorientierten sozialen Einheiten (wie Paaren, Familien, Freundesgruppen etc.) die Sozialdimension der Kommunikation die Priorität genießt, während in aufgabenorientierten sozialen Einheiten (Organisationen, Organisationseinheiten, Abteilungen etc.) die Sachdimension Vorrang hat (was nicht heißt, dass die jeweils andere Dimension verleugnet und vernachlässigt werden könnte; Abb. 6).

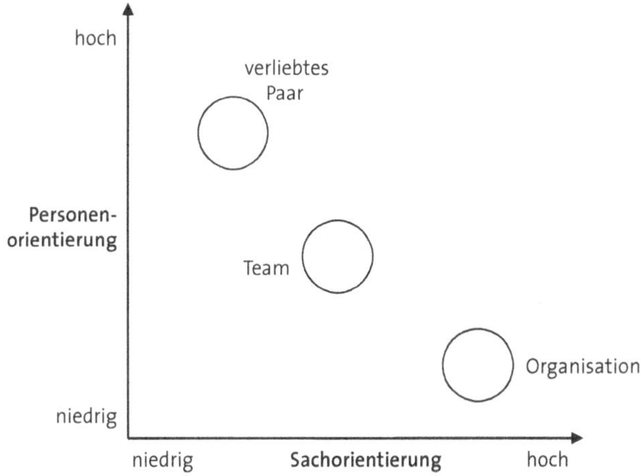

Abb. 6: Personen- vs. Sachorientierung in unterschiedlichen sozialen Systemen

Hinzu kommt, dass in unterschiedlichen Typen sozialer Systeme die Zeit eine unterschiedliche Rolle spielt. In einem Unternehmen, das sich einem schnell drehenden Markt mit seinen Produkten ständig anpassen muss, hat auch die strukturelle Veränderung eine andere Geschwindigkeit und einen anderen Rhythmus als in einer Paarbeziehung, in der man sich über die Art der Beziehung einig ist (wenn auch vielleicht nicht »bis dass der Tod …«, aber doch meist für eine Zeit, die länger als Produktzyklen währt).

Für die Praxis der Beratung ist die Unterscheidung zwischen der Personenorientierung und der Sachorientierung der Kommunikation von zentraler Bedeutung. Denn wenn z. B. in einem Unternehmen vorrangig die *Beziehungen* der Beteiligten bearbeitet werden, obwohl es sich um *sachliche* Gefährdungen der Existenz handelt, dann wird die Beratung wenig hilfreich sein. Im umgekehrten Fall gilt das selbstverständlich auch. Hier ist die systemtheoretische Expertise des Beraters gefragt: seine Fähigkeit, die Überlebensbedingungen des jeweiligen sozialen Systems und dessen (für das Überleben oder anderweitig definierte »Erfolge« oder »Ziele«) relevante Umwelten zu diagnostizieren. Nur dann kann er zielgerichtet mehr auf der einen oder anderen Ebene intervenieren.

3.3.1 Personenorientierte Systeme – Paare, Familien etc.

In der Beratung privater Systeme wie Zweierbeziehungen und Familien geht es in der Regel um Konflikte, die sich aus der Uneinigkeit über die Art der Beziehung zueinander ergeben und die sich in der Bewältigung des gemeinsam gelebten Alltags zeigen, bzw. umgekehrt, Probleme der Organisation des Zusammenlebens führen zu Beziehungsproblemen (die berühmte Henne-Ei-Frage).

Wer kann von wem welche Beteiligung an den gemeinsam zu leistenden Aufgaben erwarten? Wer erfüllt seine »Pflichten« nicht, wer übererfüllt sie? Wer ist der Starke/Schwache, Aktive/Passive, Gute/Böse? Wer beutet wen aus, wer fühlt sich von wem ausgebeutet? Etc. Und was heißt das alles für die persönliche Identität der Beteiligten?

Solche oder ähnliche, die Persönlichkeit der Beteiligten und ihr alltägliches Zusammenleben betreffende Reibereien und Unzufriedenheiten führen in die Beratung. Man hat das, was umgangssprachlich als Eheprobleme, Erziehungsprobleme, sexuelle Probleme usw. bezeichnet wird. Im Vordergrund steht dabei die Sozialdimension der Kommunikation, d. h. die Auseinandersetzung um die Qualität der Beziehung, um Macht und Ohnmacht, um Durchsetzung und Unterwerfung, um Aufmerksamkeit und Unachtsamkeit, um Nähe und Distanz, um Liebe und Hass ... Falls Sachfragen in die Beratung zu führen scheinen (»Wir streiten ums Geld, die Hausaufgaben, den Haushalt ...«), bilden sie nur die Bühne, auf der das Beziehungsdrama inszeniert wird. Die Sachdimension liefert dann den Anlass, Beziehungsfragen zu bearbeiten.

Zumindest ist dies in personenorientierten (privaten) Systemen eine Hypothese, von der man prinzipiell ausgehen kann. Wo die Kommunikation das Wohl und Wehe der Mitglieder als ganzen Menschen (d. h. in allen körperlichen, psychischen und sozialen Aspekten) betrifft, ergeben sich zwangsläufig Konflikte, wenn z. B. der eine Partner sich vom anderen nicht hinreichend geachtet oder gar missachtet fühlt oder ihm die Bilanz zwischen Geben und Nehmen nicht (mehr) ausgeglichen erscheint.

Der im Vergleich zur Einzelberatung große Vorteil der Beratung von Mehr-Personen-Systemen besteht darin, dass die Interaktion der Beteiligten *direkt* für den Berater beobachtbar ist. Sicher verhalten sich die Mitglieder einer Familie anders, wenn ein Fremder dabei ist, aber ihre Reaktionen aufeinander eröffnen dem Berater einen viel aufschlussreicheren Blick auf die praktizierten Interaktionsmuster, als es die mündliche (persönlich gefärbte) Erzählung eines Einzelklienten könnte. Er sieht einfach nicht, was er nicht sieht – z. B. wie er durch sein eigenes Verhalten seine »Lieben« zu dem Verhalten einlädt, über das er sich beklagt.

In sozialen Systemen, in denen die Beteiligten eine gemeinsame Geschichte durchlaufen (also, beispielsweise, auch in Arbeitsgruppen, deren Mitglieder verbeamtet sind und jahrelang das Büro miteinander teilen), entwickeln sich sehr stabile Muster der Interaktion, das heißt, wenn A die Verhaltensweise X zeigt, dann reagiert B mit der Verhaltensweise Y, worauf C mit dem Verhalten Z reagiert. Jeder der Beteiligten an solch einem Muster – und es können weit mehr als nur drei Personen beteiligt sein – *meint* den anderen zu *kennen*, seine Absichten, sein Fühlen und Denken usw. Er hat sich sein (Vor-)Urteil gebildet und verhält sich entsprechend. Dadurch, dass jeder sich so verhält, wie er sich verhält, bestätigt er gewissermaßen jedem seiner Interaktionspartner sein Weltbild (seine Vorurteile), was wiederum die Interaktionsmuster stabilisiert: Er klatscht in die Hände, um die Elefanten zu verscheuchen.

Diese gegenseitige Stabilisierung von Interaktionsmustern und individuellen Weltbildern (Vorurteilen, Wirklichkeitskonstruktionen, Niederschlag von Erfahrung usw.) funktioniert, weil jeder der Beteiligten immer nur auf das Verhalten des anderen reagiert bzw. reagieren kann, und *nicht* auf die psychischen Prozesse seines Gegenübers – nicht auf seine Gefühle, nicht auf seine Gedanken, nicht auf seine Motive oder Ziele usw. Aus seinem Verhalten, seiner Mimik und Gestik und aus seinen gesprochenen Worten kann er zwar zu folgern versuchen, was den anderen bewegt, aber all das bleibt – auch bei großer Empathie – immer nur Hypothese. Menschen sind in der Lage, Gefühle zu simulieren oder Meinungen zu äußern, die opportun erscheinen, obwohl sie eigentlich nicht dazu stehen usw., sie können täuschen und betrügen und generell so tun, als ob.

Aus einer systemtheoretischen Perspektive muss daher festgestellt werden, dass jeder Teilnehmer an einer Interaktion immer nur auf die *Bedeutungen (Erklärungen, Bewertungen) reagiert,* die *er selbst* dem beobachteten Verhalten (seinem eigenem wie dem der anderen) gibt. Letztlich bezieht er sich in der Kommunikation also gar nicht auf seine Interaktionspartner, sondern immer nur auf sich selbst bzw. sein eigenes Bild der anderen.

Auf diese Weise werden Interaktionsmuster automatisiert und es kommt zu so etwas wie einem kollektiven »Wiederholungszwang«, das heißt, es entwickeln sich repetitive Muster der Interaktion. Für den Außenstehenden sind sie ohne große Mühe zu beobachten, während sie den Beteiligten nicht unbedingt bewusst werden müssen.

Erfahrungsgemäß verhalten sich die Mitglieder einer sozialen Einheit, seien es Paare, Familien oder auch Teams, in Anwesenheit des Beraters anders, als wenn sie unter sich sind. Dabei ist das ganze Spektrum von Verhaltensmöglichkeiten zu beobachten: Mal wird »die Sau rausgelassen« und man äußert aggressive Gefühle, die zu zeigen sich sonst keiner trauen würde; mal werden positive Emotionen deutlich, die ohne die Anwesenheit des Beraters ebenfalls nicht geäußert würden.

Erklärbar ist dieser Unterschied im Verhalten der Beteiligten, weil dem Berater eine spezifische Funktion für die Beteiligten und/oder das ganze soziale System zugewiesen wird, die ansonsten nicht realisiert wird. Er füllt gewissermaßen eine Leerstelle und übernimmt für das System eine Aufgabe, die ansonsten nicht erledigt wird. Ihm wird z. B. die Autorität oder Kompetenz unterstellt, auch in emotional extremen Situationen Schutz und Sicherheit zu gewähren; oder er signalisiert normativ die Erwartung einer »offenen Kommunikation« (was dann dazu führen kann, dass Gefühle oder Gedanken geäußert werden, die sonst – oft aus gutem Grund – geheim gehalten werden); oder ihm ist die Rolle des Entscheiders zugedacht, um ein Machtvakuum zu füllen; oder in ihm wird der Schiedsrichter gesehen, der endlich für die lange vermisste Gerechtigkeit sorgt usw.

Solche Funktionen werden dem Berater oft nur verdeckt kommuniziert. Wie in der Einzelberatung sind sie auch in der Arbeit mit Mehr-Personen-Systemen als Einladungen (Beziehungsangebote) und Handlungsimpulse für den Berater erlebbar.

Dass dem Berater eine Funktion für das Kundensystem zugedacht ist, liegt in der Natur der Sache: Warum sollte man ihn sonst hinzuziehen? Aber prinzipiell ist die Frage zwischen Beratern und Kunden zu klären, welche Rolle und Funktion dies sein soll. Notwendig ist also das, was technisch als Kontextklärung, Contracting, Zieldefinition, Rollenklärung etc. bezeichnet wird.

Neben dem Beratungssystem eröffnet sich dem Berater in der Arbeit mit Mehr-Personen-Systemen der diagnostische Blick auf ein zweites soziales System: das Kundensystem, d. h. dessen Interaktions- und Kommunikationsmuster.

Im Unterschied zur Einzelberatung, wo der Berater stets auf die Informationen angewiesen ist, die ihm sein Klient als privilegierter Beobachter über sein »Heimat«-System liefert, kann der Berater in der Mehr-Personen-Situation nicht nur beobachten, wie aktuell miteinander umgegangen wird, sondern er kann darüber hinaus alle Beteiligten als Beobachter nutzen. Denn jeder Teilnehmer an der Interaktion ist immer auch Beobachter der Interaktion, wenn auch aus einer anderen Perspektive.

Praktische Konsequenzen:
Bei der Beratung von Mehr-Personen-Systemen empfiehlt es sich, die Fokussierung der Aufmerksamkeit einem Zwiebelschalenmodell entsprechend vorzunehmen, d. h. sich von außen nach innen vorzuarbeiten. Außen heißt in diesem Zusammenhang: Der Fokus der Aufmerksamkeit ist zu Beginn der Beratung auf das Beratungssystem und sein Zustandekommen zu richten (Kontextklärung).

Wie und wann ist die Idee der Beratung entstanden? Welche Ereignisse im System oder in einer relevanten Umwelt haben dazu geführt, dass der Ruf nach Beratung laut wurde? Wer hat den Vorschlag, Berater hinzuzuziehen in die Kommunikation gebracht? Welche Hoffnung verbindet wer damit? Welche positiven oder negativen Vorerfahrungen gibt es mit Beratern? Wie kam es zur Wahl dieses Beraters/dieser Beratergruppe/-firma? Was hat wer über sie erzählt? Welche positiven oder negativen Vorurteile gibt es über Beratung generell und diese Form der Beratung speziell? Welche Befürchtungen sind mit der Beratung verbunden? Wie lange kann/soll/muss/darf Beratung dauern? Wie teuer/preiswert kann/muss/darf sie (nicht) sein? Was soll am Ende einer gelungenen Beratung anders sein? Wenn es keine Berater auf der Welt gäbe, wer würde dann ihre Funktion ausüben? Usw.

All diese (und ähnliche) Fragen zielen auf die Klärung der Beziehung zwischen Berater und Klientensystem. Sie sind letztlich nicht nur für die Beratung von Mehr-Personen-Systemen relevant, sondern auch in der Einzelberatung, da sie dem Berater erlauben, Hypothesen über die ihm zugedachte Funktion und Rolle zu entwickeln. In Mehr-Personen-Systemen ist solch eine Form der Kontextklärung aber besonders wichtig, da der Berater es nicht nur mit einer Person und deren Wünschen, Hoffnungen und Befürchtungen zu tun hat, sondern mit einer komplexen Gemengelage. Er betritt ein soziales Feld, in dem er von den einen möglicherweise als Unterstützer und Bundesgenosse gesehen wird, von den anderen als potenzieller Feind usw.

Wenn Beratung eine Wirkung hat, dann kann der Berater davon ausgehen, dass diese Effekte immer Ambivalenzen auslösen. In der Einzelberatung sind dies individuelle psychische Konflikte zwischen, beispielsweise, Hoffnung auf Veränderung und Ängsten vor dem, was die Zukunft dann Unkalkulierbares bringen mag. In der Mehrpersonen-Beratung zeigen sich dem Berater derartige Ambitendenzen meist als interpersonelle Konflikte: Die eine Fraktion übernimmt die eine Seite der Ambivalenz und kämpft für Veränderung, die andere Fraktion geht auf die Gegenseite und versucht die

Stabilität zu erhalten. Aus der Außenperspektive des Beraters kann gesagt werden, dass dies eine Form der Kooperation ist, bei welcher jede Partei der anderen ermöglicht, nur jeweils eine Seite der Ambivalenz zu erleben und entsprechend ambivalenzfrei zu handeln.

Derartige Spaltungen mit Koalitions- und Fraktionsbildung entstehen erfahrungsgemäß, *bevor* der Berater ins Spiel kommt. Deswegen ist es für ihn wichtig, Vorstellungen über die aktuellen Frontlinien zu entwickeln, um auf die Einladungen, einer Partei beizutreten, reagieren zu können.

Außerdem besteht immer die Wahrscheinlichkeit, dass dem Berater eine Aufgabe angetragen wird, die offiziell schon jemand anderem gehört. In Familien sind das, beispielsweise, Vater- oder Mutterrollen, in Unternehmen Leitungsfunktionen. Wenn man derartige Rollen übernimmt, entwertet man implizit oder explizit immer denjenigen, der formal eigentlich dafür zuständig wäre. Das ist langfristig keine gute Grundlage für die Beratung, da hier eine Konkurrenz zwischen einem Mitglied des Systems und dem Berater aufgebaut wird statt einer Kooperation zwischen Akteuren mit unterschiedlichen Aufgaben.

Als Berater erlebt man diese Einladungen wieder als Handlungsimpulse und »Bauchgefühle« – also etwa als Versuchung, in einem chaotischen Klientensystem für Struktur und Ordnung zu sorgen oder in einem rigiden erstarrte Strukturen aufzuweichen. Wie in der Einzelberatung gilt es zu überprüfen, ob sie eher den typischen Reaktionsmustern des Beraters (seinen aus der persönlichen Geschichte stammenden Verführbarkeiten) zuzuschreiben sind oder den Merkmalen des Kundensystems (Fehlstellen, offene Rollen und nicht erfüllte Funktionen). Im zweiten Fall kann das eigene Erleben auch zur Generierung von Hypothesen über das Klientensystem genutzt werden. Auf jeden Fall bewährt sich aber auch in der Beratung von Mehr-Personen-Systemen, auf seinen Bauch zu hören, ohne ihm zu gehorchen.

Die nächste Schicht oder »Zwiebelschale« bildet das Kundensystem. Um Informationen über seine alltäglichen Interaktionsmuster zu gewinnen, lassen sich idealtypisch zwei von der jeweiligen Beratungsphilosophie abhängige Strategien unterscheiden. Bei der ersten ist es Ziel des Beraters, die Außenperspektive einzunehmen, um das Klientensystem in Aktion zu beobachten. Im Extremfall versucht er, seinen eigenen, störenden Einfluss zu minimieren und sich unsichtbar zu machen (ähnlich wie Sigmund Freud durch das Hinter-Couch-Setting), indem er durch eine Einwegscheibe die Re-Inszenierung charakteristischer (vor allem mit Problemen verbundener) Kommunikationsmuster beobachtet. Weniger extrem ist das Bemühen um teilnehmende Beobachtung (wie dies z. B. Ethnologen und Ethnomethodologen tun; vgl. Garfinkel 1967).

Im Gegensatz dazu bemüht sich bei der zweiten Strategie der Berater darum, die Wiederholung problematischer Interaktionsmuster zu verhindern. Stattdessen zielt er darauf, von Beginn an – also schon in der »diagnostischen« Phase – Unterschiede zu den repetitiven Mustern des Alltags zu initiieren, indem er alle Beteiligte als außenstehende Beobachter nutzt, die ihre – manchmal ähnliche, manchmal voneinander abweichende – Beschreibungen dieser Muster (wie sie in der Vergangenheit x-mal zu beobachten waren) liefern. Auf diese Weise wird verhindert, dass alle Beteiligten erneut auf die Weise miteinander umgehen, die von ihnen als destruktiv, kränkend und alte Erfahrungen und Erwartungen bestätigend erlebt wird. Stattdessen erlaubt das Sprechen über das, was in der Vergangenheit war bzw. – weit besser – in der Zukunft sein könnte, emotionale Distanz und nüchternes Abwägen von Kosten-Nutzen-Rechnungen für individuelle und kollektive Verhaltensstrategien, sei es rückblickend bezogen auf die Vergangenheit oder hypothetisch in Bezug auf die Zukunft.

In der alltäglichen Praxis der Beratung mischen sich meist diese beiden Strategien des Informationsgewinns, da sich vom Berater spontane Re-Inszenierungen problematischer Muster nicht immer verhindern lassen. Dennoch ist festzustellen, dass die Re-Inszenierungen solcher Abläufe allein für das Kundensystem keinerlei erlebbaren Gewinn darstellen. Ganz im Gegenteil: Es kann weiteres Porzellan zerschlagen werden.

Die Interventionen des Beraters richten sich dann auf die Unterbrechung als destruktiv erachteter oder die Etablierung als konstruktiv erachteter Muster. Da in personenorientierten sozialen Systemen die Kommunikationsmuster von ihren psychischen Umwelten, d. h. dem Denken und Fühlen der Teilnehmer an der Interaktion bzw. ihrem daraus resultierenden Verhalten, abhängen, kann der Berater den Beratungsprozess nicht allein auf die etablierten Muster fokussieren. Er muss seine Aufmerksamkeit immer auf die Kopplung dieser Muster mit den Wirklichkeitskonstruktionen der Beteiligten richten, um hier durch die Eröffnung alternativer Beschreibungen, Erklärungen und Bewertungen verändernd Einfluss nehmen zu können.

3.3.2 Zwischen Personen- und Aufgabenorientierung – Teams

Mit Team soll hier – ungeachtet der inflationären und mehr oder weniger beliebigen Verwendung des Begriffs – eine Kleingruppe verstanden werden (d. h. nicht mehr als ca. zwölf Personen), die charakteristische Merkmale aufweist: Was die Beteiligten zusammengeführt hat, ist eine gemeinsame sachliche Aufgabe, jeder kann mit jedem – im Idealfall gleichzeitig – in direkte (dyadische) Interaktion treten, jeder der Beteiligten wird als Person mit seinen spezifischen Kompetenzen gesehen, hat eine Funktion und einen akzeptierten Platz im Gesamtgefüge, und die interpersonellen Beziehungen sind im Prinzip egalitär, auch wenn themenabhängig mal der eine, mal der andere eine leitende Funktion einnehmen kann (d. h., es gibt keine dauerhaften Hierarchien). Diese starke Orientierung an den Personen sorgt dafür, dass sich ein Team ändert, sobald eines ihrer Mitglieder es verlässt. Die Austauschbarkeit der Mitglieder ist zwar prinzipiell gegeben, das heißt, die sachlichen Funktionen oder Aufgaben eines früheren Teammitglieds können auch von einem neuen Teammitglied übernommen werden, aber da die Person wechselt, ändert sich auch die Kommunikation (vgl. Königswieser et al. 2013).

Solche Gruppen und ihre Kommunikationsstrukturen sind generell in hohem Maße von ihrer personellen Zusammensetzung abhängig, da die Einzelnen und ihre persönlichen Eigenheiten (psychische Umwelten) die Selbstorganisation der Interaktionsmuster bestimmen. Jeder der Beteiligten hat – gewissermaßen – ein Vetorecht gegenüber dem Status quo, indem er die etablierten Muster der Kommunikation beispielsweise stören, infrage stellen oder reflektieren kann. Auf der anderen Seite handelt es sich bei Teams aber nicht um Freundesgruppen, die um der Pflege der Beziehung willen gemeinsam kegeln gehen. Sie haben in der Regel ein sachliches Ziel und einen Job zu erledigen, den kein Mitglied allein erledigen könnte. Teamarbeit ist daher eine spezielle Form der Kooperation, die ihre Qualität daraus gewinnt, dass die Kommunikation stets *zwischen Personen- und Sachorientierung oszilliert.*

Für Aufgaben, in denen nicht im Voraus klar ist, wessen Kompetenzen, wessen Wissen und Können zu ihrer Erledigung notwendig sind, können funktionierende (!) Teams eine kollektive Intelligenz realisieren (den »Teamvorteil«, vgl. Wimmer 1998), indem sie Mehrhirndenken ermöglichen. Dies gelingt aber nur, wenn die oben skizzierten sozialen Voraussetzungen realisiert sind: Jedes Teammitglied muss sich der Beziehung sicher sein, damit auf der Sachebene die unterschiedlichen individuellen Wahrnehmungen, Erklärungen und Bewertungen zum Erreichen der gemeinsamen Ziele nutzbar gemacht werden können. In Entscheidungssituationen, in denen erst die Zukunft zeigen wird, welcher Weg der »richtige« war, kann keiner wissen, wer über die »wirklich« wichtigen Informationen und Einschätzungen verfügt. Daher ist entscheidend, dass sich jeder frei und legitimiert fühlt, seine – vielleicht auf den ersten Blick absurd erscheinenden – Ideen in die Kommunikation zu bringen. Denn, *was nicht in die Kommunikation kommt, hat sozial keine Wirkung* (selbst wenn jemand die genialsten Ideen in seinem Kämmerlein für sich ausbrüten sollte). Wenn es gelingt, den Teamvorteil zu realisieren, dann ist solch ein Team intelligenter als es jedes einzelne Mitglied ist oder sein kann. Und seine Entscheidungen sind besser und werden komplexeren Anforderungen gerecht, als die Entscheidungen von Individuen.

Durch die für die Entscheidungsfindung notwendige Kommunikation werden Teamentscheidungen im Vergleich zu individuellen oder hierarchischen Entscheidungen verzögert. Das ist aber nur der eine zeitliche Aspekt, der mit der Teamarbeit verbunden ist. Ein anderer ist die hohe Flexibilität der sozialen Strukturen. In Vergleich zu den relativ festgelegten formalisierten Strukturen in Organisationen können Teams ziemlich schnell ihre Kommunikations- und Beziehungsmuster verändern. Dies ist generell ein Vorteil personenorientierter sozialer Systeme.

Da in Teams keine dauerhaften Hierarchien oder Weisungsbefugnisse für die Koordination der Teammitglieder und ihrer Handlungen sorgen, werden andere Koordinationsmechanismen wichtig: Regelkommunikationen, Zeiten und Orte, die erst wahrscheinlich und möglich machen, dass die Kommunikation der Teammitglieder überhaupt stattfindet und eventuelle Entscheidungen umgesetzt werden.

Teams suchen üblicherweise dann Beratung, wenn sie etabliert werden: Irgendjemand (meist im Kontext einer größeren Organisation) hat beschlossen, dass mehrere Personen ein Team »sind« (sein sollen). Da das Gelingen der Kooperation von den guten Beziehungen der Teammitglieder abhängt, ist die sogenannte Teamentwicklung eine der Hauptbeschäftigungen von (Prozess-)Beratern. Die sorgen dann meist für irgendwelche Gemeinschaft stiftenden Erlebnisse (»als Seilschaft durch die Eigernordwand«), in der – durchaus berechtigten Hoffnung –, dass ein wenig von dem dabei erlebten Teamgeist in den Arbeitsalltag gerettet werden kann.

Der zweite Typus von Teamberatungsaufträgen bezieht sich auf Beziehungsprobleme unter den Beteiligten. Wenn es in der Zusammenarbeit knirscht, man sich gegenseitig behindert oder mobbt, dann kommt meist wieder ein Berater ins Spiel. Durch die große Personenorientierung der Kommunikation spielen in Teams Affekte und ihre Kommunikation eine weit größere Rolle als in normalen Arbeitsgruppen (etwa einer Abteilung mit Sachbearbeitern, von denen jeder eine klar definierte Aufgabe und Verantwortung hat).

Und – last, not least – Teams haben nur eine begrenzte Lebensdauer. Im Unterschied zu privaten Systemen wie Paarbeziehungen, Familien oder Freundschaften verlieren sie mit ihrer sachlichen Aufgabe oder Zwecksetzung auch ihren Sinn. In der Folge lösen sie sich erfahrungsgemäß auf.

Praktische Konsequenzen:

Es ist sicher kein Zufall, dass sich unter den Beratern von Teams viele Psychologen und Angehörige von Berufsgruppen aus dem psychosozialen, ja, therapeutischen Feld finden. Sie sind nun einmal die Spezialisten für Beziehungsfragen und personenorientierte Kommunikation. Daran ist wenig auszusetzen, wenn sie nicht der Versuchung erliegen, die Sachdimension, d. h. die Aufgabe, die das Team erst zusammengebracht hat, aus dem Auge zu verlieren. Es geht bei der Teamarbeit immer auch um einen Job, der erledigt werden muss, und nicht nur um die persönlichen Beziehungen der beteiligten Personen. Denn die müssen in ihrer Funktion für die zu erledigende Aufgabe letztlich auch immer irgendwie (wenn auch recht und schlecht) ersetzbar sein.

Vergessen wird häufig auch, dass Teams zwangsläufig eine begrenzte Lebensdauer haben. Wenn sie ihre sinnstiftende Aufgabe erledigt haben, dann haben sie auch sich selbst erledigt (was nicht prinzipiell ausschließt, dass eine neue Aufgabe, ein neuer Zweck der Kooperation gefunden werden kann, aber das ist eher die Ausnahme als die Regel). Da aufgrund der hohen Personenorientierung Teams in ihrer Struktur und Überlebensfähigkeit stark von den einzelnen Mitgliedern abhängig sind, stellt sich denen stets die Frage, ob für sie die Kosten-Nutzen-Rechung der Teamarbeit noch ein positives Ergebnis hat; und wenn sie das Gefühl haben, mehr an Zeit, Mühe, Emotion zu investieren, als sie aus der Kooperation an persönlichem Gewinn ziehen, dann ist dies der Anfang vom Ende jedes Teams. Deswegen ist aus beraterischer Sicht der Blick auf derartige individuelle Kosten-Nutzen-Rechnungen von großer Bedeutung. Wenn sie aus der Balance geraten, kommt es immer zu Spannungen und Konflikten, weil das, was lange Zeit als selbstverständlich erlebt wurde, nun eingeklagt werden muss: das persönliche Engagement aller.

Eine Einladung, die von Teams sehr gern an externe Berater gesandt wird, ist, die Rolle des Hierarchen auf Zeit zu übernehmen. Hierarchie hat ja den großen Vorteil, Entscheidungsblockaden auflösen zu können. Wenn auf der Peer-Ebene ein Konflikt nicht gelöst werden kann, dann wird in hierarchisch organisierten sozialen Systemen der Vorgesetzte angespielt, um die Handlungsfähigkeit des Systems wieder herzustellen. Da in Teams die Symmetrie der Beziehungen der Teammitglieder ein hoher Wert ist, können Konflikte zur Lähmung führen. Einen Hierarchen einzuführen, löst das Problem nicht, weil er bzw. seine Rolle von den Teammitgliedern nicht akzeptiert würde. Dies macht nur Sinn, wenn der Schritt vom Team zur Organisation gegangen werden soll (was aber wahrscheinlich mit den alten Mitgliedern des Systems nur schlecht funktioniert). Hier zeigt sich die Kehrseite von Teams: Sie können nicht auf formale Macht zur Lösung von Konflikten zurückgreifen. Als Konsequenz wurde – ein wunderbares Beispiel für die Genialität von Selbstorganisationsprozessen –, die sogenannte Teamsupervision erfunden. In regelmäßigen zeitlichen Abständen wird ein externer Berater engagiert, der auf die Teamprozesse schaut und bei Kaffee und Kuchen in entspannter Atmosphäre konfliktträchtige Themen in einem geschützten Raum besprechbar macht. Der Supervisor sorgt nicht nur dafür, dass emotional heiße Konflikte in zivilisierter Weise ausgetragen werden können, sondern er sorgt durch die Asymmetrie der Beziehung zu den Teammitgliedern auch dafür, dass die Symmetrie der Teammitglieder erhalten bleiben kann (ihm gegenüber stehen alle auf der gleichen Stufe). Das Elegante an diesem Modell ist, dass diese funktionelle Asymmetrie nicht wie in einer Organisation auf Dauer gestellt wird, sondern in regelmäßigen Abständen erfolgt.

Alles, was sich im Laufe der Zeit an problematischen Fragen ergibt, kann gesammelt und bis zur nächsten Supervisionssitzung konserviert werden, um dann abgearbeitet zu werden. Und in der Zwischenzeit wird die Autonomie der Teammitglieder nicht durch die Einmischung eines täglich vor Ort erscheinenden und sich in die Alltagsarbeit einmischenden Hierarchen gestört. Die Einladung, in diese Rolle des externalisierten Chefs auf Zeit zu gehen, ist in vielen Teamberatungen zu spüren. Ob sie funktionell zu bewerten ist, muss letztlich jeder potenzielle Supervisor selbst entscheiden.

Anzumerken ist noch, dass Teams innerhalb von Organisationen, die ja hierarchisch organisiert sind, vor besonderen Problemen stehen können, wenn hierarchisch übergeordnete Vorgesetzte mit Personalverantwortung sich in die Symmetrie von Teamprozessen einfügen wollen/müssen.

Auch Berater arbeiten in Teams. Das macht vor allem dann Sinn, wenn die Teammitglieder unterschiedliche Funktionen im Beratungsprozess übernehmen. Wenn Berater dieselben Kompetenzen haben, dann besteht die Gefahr, dass sie miteinander in Konkurrenz geraten. Vor allem bei starken Konflikten im Kundensystem zeigt sich dies in der fast immer zu beobachtenden Spaltung des Beraterteams: Ein Berater identifiziert sich mit der einen Fraktion, der andere mit der andern. Da dies sowieso mit einer gewissen Wahrscheinlichkeit geschieht, ist es besser, wenn die Mitglieder des Beraterteams sich von vornherein darüber verständigen sich gegebenenfalls – wenn sie mit einem Konflikt im Kundensystem konfrontiert sind – spontan zu spalten und den Konflikt im Beraterteam zu spiegeln. Allerdings (und das ist der Unterschied) tun sie dies in einer die Position des anderen als legitim anerkennenden und wertschätzenden Art, ohne ihre jeweils inhaltlichen Gegenpositionen aufzugeben. Auf diese Weise lassen sich Konflikte auf eine Sachebene heben, ohne dass es dabei um das Gewinnen oder Verlieren von Gesicht o. Ä. geht.

3.3.3 Aufgabenorientierte Systeme – Organisationen

Den personenorientierten Systemen des Privatlebens auf der einen Seite des Spektrums stehen die sozialen Systeme gegenüber, die spezielle sachliche Aufgaben zu erfüllen haben. In unserer gegenwärtigen, funktionell differenzierten Gesellschaft sind dies Organisationen (Luhmann 2000). In der Wirtschaft sind es Unternehmen, in der Wissenschaft Universitäten, im Gesundheitssystem Krankenhäuser, im Erziehungssystem Schulen usw. Das heißt, die meisten Menschen in der westlichen Gesellschaft verdienen ihren Lebensunterhalt heute in Organisationen, oder besser: als bezahlte Mitglieder von Organisationen.

Angesichts dieser kaum zu vermeidenden Konfrontation mit Organisationen ist das Verständnis von Organisationen in der Öffentlichkeit und bei Verantwortungsträgern in Organisationen – aber auch bei Organisationsberatern – nur sehr begrenzt.

Um bei den Beratern zu bleiben: Viele beraten (in) Organisationen, ohne irgendein Konzept, durch welche spezifischen Merkmale Organisationen sich von personenorientierten Systemen wie Familien unterscheiden. Sie sehen in Vorgesetzten Väter und Mütter, in Mitarbeitern Kinder, in Kollegen Geschwister usw. (die Firma XY als eine »große Familie«). Sie betrachten die Kommunikationsmuster in Organisationen als das Ergebnis des Zusammenwirkens von Individuen. Doch mit solch einem Konzept lassen sich die Strukturen eines Unternehmens mit Tausenden, ja, Hunderttausenden von Mitarbeitern nicht erklären.

Eine pragmatisch nützlichere Modellbildung kann (ohne unangemessen zu simplifizieren) gelingen, wenn der Fokus der Aufmerksamkeit auf die Spielregeln der Kommunikation gerichtet wird. Und die müssen eben – wenn das Phänomen Organisation, das sich im Laufe der Menschheitsgeschichte entwickelt hat, erklärbar werden soll – in der Lage sein, die Aktionen von manchmal Hunderttausenden von (autonomen, innen gesteuerten) Akteuren so zu koordinieren, dass eine sinnvolle Leistung der Organisation als *handelnder Einheit* dabei herauskommt.

Zu Beginn der Organisationsforschung und des sogenannten wissenschaftlichen Managements waren Maschinenmodelle der Organisation sehr beliebt. »Ein Zahnrad greift ins andere« – eine schöne Metapher für die Koordination von Verhalten unterschiedlicher Teile zu einer ganzheitlichen Aktion. Aber, das Problem mit solcher Metaphorik ist, dass wir es in sozialen Systemen nicht mit mechanischen Teilen, die von einem Ingenieur entworfen und zusammengefügt werden können, zu tun haben, sondern mit lebenden Menschen, die tun, was ihnen sinnvoll erscheint bzw. nicht tun, was ihnen nicht sinnvoll erscheint. Wenn sich die Aktionen einer Vielzahl solch eigensinniger, selbstständig entscheidender Akteure zu einem arbeitsteiligen, zweckmäßigen, integrierten Ablauf fügen sollen, dann muss es kommunikative Mittel geben, welche solch eine Kooperation erklären können.

Die neuere Systemtheorie liefert dafür folgende Erklärung: Als Mitglied einer Organisation akzeptiert man bestimmte *Prämissen* für seine *Entscheidungen*, welche die »an sich« extrem unwahrscheinliche Koordination von Akteuren und Aktionen wahrscheinlich(er) machen. Wie bei anderen Gesellschaftsspielen auch, kann man in Organisationen nur mitspielen, wenn man bestimmte Spielregeln akzeptiert und zur Grundlage seiner (autonomen) Entscheidungen macht. Bei der Befolgung derartiger Spielregeln verzichtet man freiwillig auf bestimmte Freiheitsgrade und tut nicht mehr alles, was möglich wäre, sondern akzeptiert bestimmte Begrenzungen der eigenen Handlungsmöglichkeiten. Als Entschädigung erhält man in der Regel irgendeine materielle und/oder ideelle Honorierung.

Aber, das sollte klar sein: Man könnte sich als Individuum auch immer anders verhalten (»Kontingenz« des Verhaltens), und es bedarf der Entscheidung, mitzuspielen. Es bedarf sogar einer doppelten Entscheidung: Die Organisation entscheidet sich, eine Person einzustellen oder ihr eine Stellung anzubieten, und die jeweilige Person entscheidet sich, diese Stellung anzunehmen und seine Arbeitskraft der Organisation zur Verfügung zu stellen. Für beide Seiten ist solch ein Kontrakt mit charakteristischen Pflichten und Rechten verbunden, die gegebenenfalls sogar eingeklagt werden können – z. B. die Zahlung eines Gehalts, das Erscheinen am Arbeitsplatz, die Erledigung von Aufgaben, die mit einer Stelle und/oder Rolle verbunden sind usw. All dies hat den Zweck, bestimmte Sachaufgaben zu erfüllen, die für das Überleben oder (wie auch immer im konkreten Fall definierte) Erfolge der Organisation von Nöten sind.

Organisationen unterscheiden sich daher in ihrer Rationalität radikal von den personenorientierten, üblicherweise dem Privatleben zugerechneten, sozialen Systemen (Paare, Familien etc.). Deren Rationalität besteht darin, die Ziele und Zwecke von Individuen möglichst zuverlässig sicherzustellen. Die Rationalität der dem öffentlichen Leben zuzurechnenden Organisationen besteht hingegen darin, Sachaufgaben möglichst zuverlässig sicherzustellen. Der Gegensatz beider Typen sozialer Systeme besteht also nicht – wie gern behauptet – darin, dass Entscheidungen in Organisationen rational, in Familien oder Paarbeziehungen hingegen irrational (weil emotional) erfolgten, sondern dass beide Typen sozialer System *unterschiedlichen Rationalitäten* folgen.

Daher müssen in Organisationen die Mitglieder im Prinzip immer (!) austauschbar sein. Ein Krankenhaus kann, beispielsweise, nicht seinen Notdienst einstellen, weil es nur einen einzigen, unersetzbaren Arzt gibt, der gerade im Urlaub ist usw. Daher findet in Organisationen eine Selektion von Prozessen statt, die von unterschiedlichen Akteuren realisiert werden können. Was konstant bleibt, sind – im Gegensatz zur Familie – nicht die Mitglieder, sondern die Prozesse und Strukturen. Natürlich können und müssen die sich auch verändern (Märkte verändern sich, der Stand der ärztlichen Kunst wandelt sich, wissenschaftliche Methoden werden neu entwickelt usw.) und auch Organisationen können »lernen«, aber diese Veränderungen werden nicht prinzipiell durch die Veränderung der Mitarbeiter bestimmt. Ganz im Gegenteil: Die Mitarbeiter werden so ausgewählt, dass sie und ihre Kompetenzen zu den sachlichen Aufgaben passen.

Die Frage, wer sich wem anzupassen hat – das Individuum den sozialen (= kommunikativen) Strukturen oder die sozialen Strukturen den Individuen? – kann in Organisationen klar beantwortet werden. Im Zweifel werden Manager und Führungskräfte ausgetauscht und alles wird weiter gemacht wie bisher. Die Spieler sind leichter auszutauschen als die Spielregeln zu verändern.

Diese Relativierung der Bedeutung individueller Player ist für Berater vor allem dann wichtig, wenn sie mit angloamerikanischen, fast immer personenorientierten Konzepten arbeiten (»Heldenmythos der Führung«). Denn durch die Veränderung von Individuen (Coaching) verändert man nicht (oder nur sehr begrenzt) Organisationen, und auf der anderen Seite kann man Organisationen verändern, ohne die beteiligten Individuen ändern zu müssen.

Um die Funktionslogik von Organisationen zu erfassen, empfiehlt sich der Blick auf ihre »Entscheidungsprämissen« (March u. Simon

1993; Luhmann 2000, S. 222 ff.; Simon 2007, S. 70 ff.). Aus pragmatischer Sicht erscheinen vier Typen von besonderer Relevanz:[7]

A. Programme

Sie legen nach dem Modell des Kochrezeptes fest, welche Handlungen wann in welcher Reihenfolge zu vollziehen sind. Sie beschränken daher die Entscheidungsfreiheit des Akteurs in hohem Maße, und das ist auch ihr Zweck. Denn Programme können, auch wenn sie von unterschiedlichen Menschen umgesetzt werden, bestimmte Qualitäten von Prozessen und/oder Produkten sichern und standardisieren. Angesichts der Austauschbarkeit der Mitglieder sichern Organisationen über Programme ihre Handlungs- und Kooperationsmuster. Entstanden sind sie häufig durch Versuch und Irrtum und im Laufe der Zeit erworbene Routinen bilden daher etwas Ähnliches wie den Niederschlag der Erfahrung und des Wissens der Organisation. Sie können aber auch geplant und bewusst etabliert werden.

Solche Programme lassen sich nach ihrer Funktion unterscheiden in »Zweckprogramme« und »Konditionalprogramme« (Luhmann 2000, S. 261).

A.1 Zweckprogramme

Sie dienen dazu, bestimmte Ziele auf immer wieder demselben Weg zu erreichen (in der Regel: weil er sich früher bewährt hat). Um einen bestimmten Zweck zu erreichen, wird manchmal höchst detailliert vorgeschrieben, wie dies zu geschehen hat. Vor allem in der Produktion finden sich zur Qualitätssicherung vielfältige Beispiele für Zweckprogramme.

A.2 Konditionalprogramme

Sie ermöglichen auf nicht vorhersehbare Umstände (Bedingungen) vorhersehbar zu reagieren. Immer wenn x passiert, dann muss mit der Aktion oder der Routine y reagiert werden. Notfallpläne sind

7 Ausführlicher siehe: Simon, F. B. (2007): Einführung in die systemische Organisationstheorie. Heidelberg (Carl-Auer).

ein Beispiel dafür: Wenn der Kapitän Alarm gibt, dann haben alle die Schwimmweste anzuziehen und sich zum nächsten Rettungsboot zu begeben.

Beide Programmformen gewinnen ihre Rationalität für die Organisation dadurch, dass nicht immer wieder das Rad neu erfunden werden muss und (eigene oder fremde) Erfahrungen genutzt werden können.

B. Strukturen

Auch wenn der Begriff Struktur spontan an Mauerwerk und Stahlträger denken lässt, ist mit sozialer Struktur nichts Statisches gemeint, sondern ein Muster der Kommunikation, das durch wechselseitige Erwartungen an Rollen bzw. Rolleninhaber und ihre Funktionen immer wieder reproduziert wird. Bestimmte »Kommunikationswege« sind festgelegt oder haben sich entwickelt und werden im Alltag beachtet. In Organisationen wird dies bereits in der alltäglich gebrauchten Terminologie deutlich: Wer hat wem zu »berichten« oder »etwas zu sagen«, wer ist »Sprecher« für …? Bei all diesen Fragen geht es um Über- und Unterordnungsverhältnisse, d. h. um die Ordnung asymmetrischer und symmetrischer Beziehungen, um hierarchische vs. Peerbeziehungen. Der Blick auf die faktischen Kommunikationswege zeigt, dass zwei Typen zu unterscheiden sind: *formale* und *informelle Strukturen* bzw. die aus ihnen gebildeten komplexen Kommunikations- und Beziehungsnetzwerke.

B.1 Formale Strukturen

Sie lassen sich üblicherweise in einem Organigramm darstellen und zeigen, wer gegenüber welcher sozialen Untereinheit (z. B. Bereich, Abteilung, Arbeitsgruppe usw.) und/oder ihren Mitglieder in der Leitungsverantwortung steht. Formal haben Vorgesetzte die Macht (Weisungsbefugnis) über ihre Mitarbeiter bzw. die ihnen unterstellten sozialen Einheiten. Ihre Entscheidungen fungieren für ihre Untergebenen als Entscheidungsprämissen. Hierarchien ermöglichen es, im Prinzip eine unbegrenzte Zahl von Individuen und sozialen Subsystemen in ihren Aktionen zu koordinieren. In dieser Nutzung asymmetrischer Beziehungen liegt der evolutionäre Gewinn der Bildung von Organisationen. Eine Unzahl autonomer Akteure kann integriert bzw. ihr Handeln *zielgerichtet* beeinflusst werden. Auf diese Weise können kooperativ Leistungen erbracht werden, die über die Möglichkeiten jedes Individuums hinausgehen.

B.2 Informelle Strukturen

Über formelle Strukturen kann entschieden werden und sie können von einem Tag zum anderen verändert werden. Anders ist die Situation bei informellen Strukturen bzw. Kommunikationswegen, die sich im Alltag selbstorganisiert entwickeln. Man kennt sich, mag sich, knüpft spontan Koalitionen, geht gemeinsam Essen, vereinbart nach einem Meeting ein privates Treffen usw.

So entstehen Beziehungsnetzwerke, Seilschaften, Interessengemeinschaften und Netzwerke, die als Kontext bei individuellen Entscheidungen einen steuernden Einfluss gewinnen. Da sie sich selbstorganisiert entwickeln, lassen sie sich nicht beschließen oder zielgerichtet etablieren oder kontrollieren. Letztlich werden sie – personenorientiert – von den Interessen ihrer Mitglieder bestimmt. Analog zu Teams ändern sich informelle Strukturen mit dem Wechsel ihrer Mitglieder oder deren Interessen.

C. Personen

Wenn bislang von Personen oder Personenorientierung die Rede war, dann war damit nicht die Psyche eines Mitglieds der Organisation gemeint, sondern das in der Kommunikation entstandene Bild des Betreffenden. Wir machen uns ein Bild voneinander, von der Persönlichkeit oder dem Charakter des anderen, und wir stellen uns auf seine – immer nur hypothetischen, d. h. zugeschriebenen – individuellen Eigenschaften, seine Macken und seine Qualitäten ein. In diesem Sinne ist die Person (v. lat. *per-sonare,* »hindurch-klingen«, ursprünglich Bezeichnung für die Maske, die im antiken Theater von Schauspielern getragen wurde, wenn sie eine bestimmte Rolle darstellen sollten) wirksam als Entscheidungsprämisse für alle, die mit ihr zu tun haben. Man reagiert dabei nicht auf die Psyche seiner Mitmenschen, sondern auf das Bild, das man sich von ihnen macht.

D. Organisationskultur

Als vierter und letzter Typus von Entscheidungsprämisse ist die Organisationskultur zu nennen. Mit diesem Begriff sind all die Kommunikationsregeln gemeint, die nicht im engeren Sinne mit der sachlichen Aufgabe und ihrer Erledigung verbunden sind, aber dennoch das Alltagsleben innerhalb der Organisation prägen. Das fängt bei der Art sich zu kleiden an (Business-Suit vs. Turnschuhe), geht über den Jargon (Anglizismen vs. Dialekt), bis manchmal zu Schemata des Denkens und Fühlens usw. Solche scheinbar »weichen« Faktoren sind es, welche die Mitglieder an die Organisation binden. Denn der Einzelne identifiziert sich mit den kulturellen Regeln, praktiziert sie, und hält sie dadurch am Leben. Sie werden meist unbewusst weiter gegeben und durch Imitation bzw. Mitmachen erlernt (vgl. Hall 1959; Simon 2007, S. 96 ff.).

Entscheidungen werden durch sie selektiert, da sie festlegen, was »man macht« oder »nicht macht« – unabhängig von sachlichen Erwägungen. Daher kann es immer wieder zu Konflikten und Widersprüchen zwischen dem, was auf der Sachebene entschieden wird, und den durch die Kultur nahe gelegten Entscheidungsrichtungen kommen. Da Kultur selbstorganisiert entsteht, kann nicht aufgrund sachlicher Ziele über kulturelle Regeln entschieden werden. Sie limitieren deshalb immer den Handlungsspielraum einer Organisation. Wer gegen sie verstößt, muss mit Ausgrenzung rechnen.

Kulturelle Muster sind sehr stabil, weil sie über die persönliche Identität der Mitglieder stabilisiert werden. Ihre Änderung ist daher mühsam. Man kann sie zwar stören und infrage stellen, aber der Effekt ist nicht vorhersehbar. Und – was aus der Sicht des Beraters von zentraler Bedeutung ist – wenn sie verändert werden sollen, dann muss mit starken *affektiven* Reaktionen der Mitglieder gerechnet werden, da deren Identität dadurch ebenfalls bedroht wird.

Unter den genannten vier Typen von Entscheidungsprämissen kann über *Programme, formale Strukturen* und *Personen* entschieden werden (»entscheidbare Entscheidungsprämissen«). Deshalb beschränkt sich sogenannte Fachberatung auch fast ausschließlich auf diesen Bereich. Da lassen sich – von der jeweils aktuellen Managementtheorie und den erhobenen Daten geleitet – Prozesse »reengineeren«, Strukturen verschlanken oder Personen per Headhunting finden. Doch die skizzierten vier Typen von Prämissen bilden ein integrales Paket, das heißt, es gibt keine Hierarchie zwischen ihnen, und, was auf der einen Ebene geschieht, hat Auswirkungen auf allen anderen. Es ist wie beim Jonglieren – die vier Bälle müssen gleichzeitig beobachtet und in der Luft gehalten werden.

Falls der Fokus der Aufmerksamkeit allein auf die *Kultur* und die *informellen Strukturen* gerichtet ist (»unentscheidbare Entscheidungsprämissen«, Luhmann 2000, S. 241), kommt die Frage nach den sachlich funktionalen Strukturen, den nötigen persönlichen Qualifikationen für eine konkrete Rolle oder auch den programmförmig zu etablierenden Routinen zu kurz. Das ist nur zu oft das Problem der sogenannten Prozessberatung. Falls hingegen der Blick nur auf *Programme* und *formale Strukturen* gerichtet ist, dann stellt sich – wie die Erfahrung der Fachberatung zeigt – früher oder später die Frage, warum es nicht gelingt, die wunderbaren, am Schreibtisch ausgearbeiteten und per Powerpoint-Präsentation dargestellten Modelle der Organisation zu implementieren, d. h. in die Realität der Organisation umzusetzen.

Praktische Konsequenzen:
»Organisationen kann man nicht küssen«, und generell stellt sich die Frage, ob beraten werden kann, wer nicht geküsst werden kann. Aber das gilt für alle anderen sozialen Systeme auch: Beraten werden immer ihre Mitglieder (Individuen), die dann im Idealfall gemeinsam die Muster der Kommunikation verändern. Während man die Mitglieder eines Teams meist noch zur selben Zeit am selben Ort versammeln kann, ist das bei größeren Organisationen kaum möglich (nicht mal bei Anmietung eines Fußballstadions). Es muss also eine Wahl getroffen werden, mit wem in der Organisationsberatung gearbeitet wird. Hier kann/muss sich der Berater an den Entscheidungsprämissen der Organisation orientieren.

Um es auf eine simple Formel zu bringen: Organisationen verändern sich, wenn entweder ihre Programme oder ihre Strukturen oder ihre Kultur oder die Personen, die in ihnen arbeiten, (oder eine Auswahl davon oder alles zusammen) geändert werden oder sich ändern.

Um zu beurteilen, ob die aktuellen Prozesse und Strukturen einer Organisation sowie die Besetzung der Stellen funktionell sind (also mit dem Überleben der Organisation vereinbar sind bzw. anderen, vom Kunden zu definierenden Qualitätskriterien entsprechen), muss der diagnostische Blick nicht allein auf die internen Beziehungsmuster und Abläufe der Organisation gerichtet werden, sondern in Bezug zu den relevanten, d. h. überlebensnotwendigen bzw. erfolgskritischen Umwelten gesetzt werden (System-Umwelt-Beziehung). Solch eine Diagnose kann vom Berater dadurch induziert werden, dass er den Fokus der Aufmerksamkeit auf diese Fragen richtet. Den Mitarbeitern der Organisation kommt dabei eine Doppelrolle zu: Zum einen sind sie als Individuen (d. h. hier als psychische Systeme) immer außenstehende Beobachter, welche aus ihrer je individuellen Perspektive die Muster der Kommunikation der Organisation beobachten und daher beschreiben können; zum anderen sind sie als Teilnehmer an der Kommunikation an deren Herstellung und Aufrechterhaltung beteiligt. Insofern sind sie – und nur sie – in der Lage, diese Muster zu verändern. Sie können nicht allein ihre individuellen Verhaltensweisen verändern, sondern – und das ist im Kontext Organisation weit wichtiger – sie können über Entscheidungsprämissen entscheiden und sie verändern. Allerdings können das nicht alle in gleichem Maße, sondern vor allem die sogenannten »Entscheider«, d. h. Führungsfiguren, zu deren Kompetenzen die Entscheidung über formale Strukturen, Programme und die Besetzung von Stellen gehört. Allerdings können sie entscheiden, was sie wollen, wenn diejenigen, die diese Entscheidungen zur Prämisse ihrer eigenen Entscheidungen machen sollen, nicht einverstanden sind, wird die Realisierung oder Umsetzung der Entscheidungen derer »da oben« nur schleppend oder gar nicht stattfinden. Daher empfiehlt es sich, die Akteure (seien es Individuen oder Organisationseinheiten), die zur Realisierung irgendwelcher Ziele und Zwecke unverzichtbar sind, immer in die Beratung einzubeziehen (zumindest hypothetisch oder durch irgendwelche Repräsentanten, die ihre Perspektiven, Erfahrungen und Interessen darstellen und/oder vertreten können).

Da stets nur eine Auswahl von Mitgliedern des Kundensystems aktuell an der Beratung beteiligt werden kann, bedarf die Organisationsberatung einer spezifischen Architektur, die dafür sorgt, dass organisationsweit Wirkungen erzielt werden können.

4 Die Funktion der Beratung/des Beraters

Berater werden engagiert, wenn der Kunde/das Kundensystem eine Aufgabe nicht selbst erfüllen kann oder will. Dadurch gewinnt die Beratung eine kompensatorische Funktion. Dabei geht es nicht nur um das schlichte Erteilen von Ratschlägen, sondern um die Übernahme von Funktionen, die für das physische, psychische oder soziale (z. B. ökonomische) Überleben oder Wohlergehen des Kunden oder Kundensystems höchst relevant sein können.

4.1 *Sachdimension*

In der Fachberatung ergibt sich die Notwendigkeit solch einer kompensatorischen Funktion aus der zwangsläufig immer begrenzten fachlichen Kompetenz eines jeden Menschen oder auch einer jeden Organisation. Niemand kann »Spezialist für alles« sein, das heißt, eigentlich hat jeder Mensch und jede Organisation immer wieder einen Beratungsbedarf (was nicht heißt, dass sie sich auch wirklich beraten lassen). Die Steuergesetze beispielsweise sind so komplex, dass der brave Bürger fast immer zu viel Steuern zahlt, wenn er keinen Steuerberater konsultiert; und wer sich mit seinem Nachbarn über die Höhe des Gartenzauns streitet, wird sich angesichts der für Laien undurchsichtigen Rechtslage von einem Anwalt beraten lassen usw. Allerdings gehen die von solchen Fachexperten erbrachten Dienstleistungen über die reine Beratung hinaus, wenn sie Tätigkeiten übernehmen, die der Kunde – nach der reinen Beratung oder Informationsvermittlung – auch selbst ausführen könnte. Wenn der Steuerberater die Steuererklärung erstellt und mit dem Finanzamt verhandelt, dann handelt es sich um die Delegation (Outsourcing) vom Kunden zu erfüllender Aufgaben. Eine ähnliche kompensatorische Funktion übernehmen die meisten Berater bei technischen Problemen, etwa in der IT, wenn sie nicht nur nach optimalen Lösungen suchen, sondern auch zusätzlich die Verantwortung für deren Realisierung übernehmen.

Bezogen auf Fachfragen zeigt sich ein generelles Paradox unserer Gesellschaft heute: Je mehr wir wissen (welche unterschiedlichen Möglichkeiten uns offenstehen, welche Faktoren in unsere Überlegungen einbezogen werden sollten oder müssten, welche Folgen welche Entscheidungen haben können usw.), umso weniger wissen wir (was wir tun sollen) – und umso größer wird unser Beratungsbedarf (Wahl = Qual).

Aber in solchen fachlich-sachlichen Fragen ist die Beziehung zwischen Berater und Kunde immer noch relativ einfach gestrickt. Es muss lediglich reflektiert werden, ob der vermeintliche Berater nicht – von seinem eigenen Interesse her – der Verkäufer eines bereits im Voraus bestimmten Produktes ist (das auch eine Lösungsidee sein kann, eine Theorie, eine Überzeugung, eine Norm usw.).

4.2 Sozialdimension

Komplexer und schwerer zu analysieren wird die Funktion von Beratung/Berater, wenn es um persönliche und soziale Fragen geht. Wie Menschen mit ihren Mitmenschen kommunizieren, wird davon bestimmt, wie sie die anderen und die Beziehung zu ihnen, den aktuellen Kontext, ihre eigene Rolle und die der anderen sowie sich selbst erleben. Sie interpretieren die Welt aufgrund ihrer Vorerfahrungen, das heißt, sie haben bestimmte Beziehungsmuster internalisiert (»innere Familie«, »inneres Team« etc.), die in der konkreten Situation den Deutungsrahmen für eigenes wie fremdes Verhalten liefern und die persönlichen (hoffnungsvollen oder ängstlichen) Erwartungen an eine Beziehung bestimmen.

Wenn Menschen sich auf eine längerfristige Interaktion und Kommunikation miteinander einlassen, dann erfüllen sie in der Regel nicht nur auf sachlicher, sondern auch auf psychischer Ebene »Dienstleistungen« füreinander. Dabei kann es zu einer Form der Kooperation kommen, bei der die zwei Seiten eines Konflikts oder einer Ambivalenz auf zwei Rollen aufgeteilt werden (»Kollusion«, vgl. Dicks 1967; Willi 1975). So mag, beispielsweise, ein »progressiver« Partner auf Veränderung drängen und die Notwendigkeit betonen alte Zöpfe abzuschneiden, während sein »konservativer« Partner um den Erhalt bewahrenswerter Traditionen kämpft und die Qualität und Funktionalität des Status quo hervorhebt.

Da Berater eher im Konfliktfall angefragt werden, in dem Ambivalenz und logische Unentscheidbarkeit für Unsicherheit sorgen, ist – gerade in der Einzelberatung – häufig mit dem Beratungsauftrag die Einladung zu einem charakteristischen Tanz verbunden: Der Kunde artikuliert ein scheinbar eindeutiges Ziel, das aber von ihm höchst zwiespältig erlebt wird. Der Berater wird verführt, auf die eine Seite der Ambivalenz zu gehen (z. B. Wunsch nach Veränderung), während der Kunde auf die andere Seite geht (z. B. Angst vor Veränderung). Auf diese Weise wird ein Konflikt (Ambivalenz) externalisiert, und im schlechtesten Fall kämpft dann der Veränderungs-Agent mit seinem »im Widerstand« befindlichen Klienten. Paradoxerweise sorgt die Beratung so dafür, dass es zu *keiner* Entscheidung kommt, weil ja mit dem Engagieren des Beraters »etwas unternommen« wird, ohne dass tatsächlich Veränderungen vollzogen werden müssten. Eine Inszenierung der Ambivalenz, die weiterhin ermöglicht, keine Entscheidungen treffen zu müssen (was, um Missverständnissen vorzubeugen, im konkreten Fall durchaus als sinnvoll und rational zu bewerten sein mag).

Ob der Klient als Ergebnis der Beratung etwas ändert oder nicht, hängt zu einem guten Teil davon ab, was in der Beratung geschieht und mit welchen Konzepten und Methoden der Berater arbeitet. Wenn es ihm, beispielsweise, gelingt, die Ambivalenz in den Fokus der Aufmerksamkeit zu bringen und emotionale oder andere Kosten-Nutzen-Rechnungen für die zur Wahl stehenden Optionen durchzuspielen, so kann dies dem Klienten helfen, zu einer eigenen Entscheidung zu kommen. In solch einem Fall ersetzt die Kommunikation zwischen Berater und Klient einen psychischen Prozess des Abwägens, das heißt, der Berater übernimmt de facto eine kompensatorische Funktion – wie in der Fachberatung – für etwas, das der Klient nicht tun kann oder will. Oder anders formuliert: Das Hin und Her des Fühlens und Denkens wird externalisiert und durch ein Hin und Her in der Kommunikation ersetzt.

Aber die Einladung zum Tanz kann auch in der Delegation anderer (»Ich«-)Funktionen bestehen, die der Klient nicht selbst übernehmen kann oder will (das ist für den außenstehenden Beobachter ja nicht zu unterscheiden). Wenn, beispielsweise, ein Klient sich selbst ein Rätsel ist, dann kann durch das »Verstehen« dieses Menschen (etwa durch Verbalisierung der vom Klienten geäußerten Emotionen) bzw. die Spiegelung seines Erlebens ein gravierender Unterschied gemacht werden, der ihm zu einer neuen Erfahrung und Selbstbeschreibung verhelfen kann.

Aber in den meisten Fällen dürfte das Nicht-Verstehen die wichtigere Dienstleistung des Beraters sein. Wenn dem Klienten in der Kommunikation mit dem Berater deutlich wird, dass man seine Situation, seine Fragestellung, sein Problem, seine Versuche zum Ziel zu kommen usw. auch ganz anders *beschreiben*, *erklären* und *bewerten* kann, als er das tut, können sich ihm vollkommen neue, alternative Handlungsoptionen eröffnen. Vollkommenes Verstehen heißt (zugespitzt formuliert): Der Berater ist genauso ratlos wie sein Klient.

Doch die Wahrscheinlichkeit zu großen Verstehens ist begrenzt, da der Berater – trotz allen Einfühlungsvermögens – immer eine Außenperspektive gegenüber seinem Kunden innehat. Aber das ist kein Nachteil, denn diese Distanz eröffnet die Chance, dem Kunden eine Außenperspektive auf sich und sein Verhalten zu vermitteln, die ihm zwangsläufig ohne fremde Hilfe verschlossen bleibt. Da niemand sich selbst direkt von außen beobachten kann (außer im Spiegel, und da auch nur seitenverkehrt), kann der Berater seinem Kunden Fremdbeobachtungen zur Verfügung stellen, die seine Selbstbeobachtung kommentieren, korrigieren oder zumindest konterkarieren können. Doch ob das gelingt, entscheidet der Kunde bzw. sein autonomes psychisches System selbst, weil alles, was der Berater sagt oder tut, lediglich als dessen Irritation wirkt.

In sozialen Systemen (seien es nun private Systeme wie Familien oder Paare, seien es professionelle Systeme wie Teams oder Organisationen) sind die kompensatorischen Funktionen, zu denen Berater eingeladen werden, erheblich direkter, ja, solche Aufgaben zu übernehmen ist explizit die Rolle des Beraters. Denn das Mittel der Beratung ist auch das Mittel, das soziale Systeme hervorbringt und als Einheiten erhält: Kommunikation. Daher stellt sich die Frage, welche Wirkung der Berater/die Beratung in der Kommunikation des Kundensystems erzielt. Dabei ist zu unterscheiden zwischen der Beratungssitzung selbst und ihren längerfristigen Effekten. Denn dass in Anwesenheit des Beraters in anderer Weise oder auch über andere Themen kommuniziert wird, ist eher wahrscheinlich (wenn Fremde zu »Besuch« kommen, verhält man sich immer anders). Entscheidend ist die Frage, was geschieht, wenn der Berater das Haus wieder verlassen hat. Ändern sich die Kommunikationsmuster und -strukturen oder geht alles weiter wie vorher?

Ist die Veränderung an die Anwesenheit des Beraters gebunden, so liegt die Hypothese nahe, dass er eine Funktion für das Klientensystem übernommen hat, die im System selbst nicht realisiert wird und von ihm kompensatorisch ausgefüllt wird. Das Spektrum dieser Aufgaben kann sich – wie in der Einzelberatung – von der Einführung der Außenperspektive oder der Selbstbeobachtung des Systems bis zur Übernahme (über)lebenswichtiger Steuerungs- und Leitungsfunktionen erstrecken.

Wenn, beispielsweise, Prozesse moderiert werden sollen, um Diskussionen innerhalb des Kundensystems zielgerichtet strukturieren zu können, oder das Prozessdesign für eine Veranstaltung zu entwickeln ist, erbringt der Berater eine Dienstleistung, die offenbar nicht routinemäßig in der betreffenden Organisation benötigt wird und daher von außen »dazugekauft« werden kann.

Etwas anders ist die Lage, wenn ein Streit oder Konflikt etliche Eskalationsstufen durchlaufen hat und niemand innerhalb des Kundensystems mehr neutral ist, dann kann der Berater als über den »Krieg führenden« Parteien stehender Dritter eine Funktion übernehmen, die innerhalb des gespaltenen Kundensystems niemand übernehmen kann, selbst wenn er will (vgl. Glasl [9]2010; Simon 2010).[8]

---

8 Ausführlicher zur Systematik und zum Umgang mit Konflikten siehe Simon, F. B. (2010): Einführung in die Systemtheorie des Konflikts. Heidelberg (Carl-Auer-Verlag).

Problematischer sind Einladungen an den Berater Funktionen zu übernehmen, für deren Sicherstellung es innerhalb der Struktur des Klientensystems Rollen und Positionen gibt. Wenn der Berater derartige Einladungen annimmt, dann gerät er zwangsläufig in Konkurrenz zu demjenigen, der aufgrund seiner Rolle oder Stellenbeschreibung »eigentlich« diesen Job erledigen sollte.

Wenn sich, beispielsweise, eine alleinerziehende Mutter von dem doppelten Anspruch, sowohl »mütterlich-fördernd« als auch »väterlich-fordernd« gegenüber ihren Kindern zu sein, zermürbt zeigt, dann kann es schon passierend, dass der männliche Psychologe in der Erziehungsberatungsstelle der Einladung, die zurzeit vakante väterliche Stelle zu übernehmen, nicht widerstehen kann. Noch problematischer ist es, wenn es tatsächlich einen Vater in der Familie gibt, der Berater einen »Mangel an väterlicher Autorität« diagnostiziert und er sich daher – nach gescheiterten Versuchen, den Vater auf den »Fahrersitz« zu setzen – selbst ans Steuer setzt.

Analoges geschieht, wenn in einer Abteilung ein »führungsschwacher« Chef, der von seinen Mitarbeitern lieber als Kollege gesehen werden möchte, Probleme mit der Rolle des Vorgesetzten hat und ein hinzugezogener Berater meint, an seine Stelle treten und den Leuten sagen zu müssen, »wo es langgeht«.

Gegen die Übernahme von Funktionen für ein Kundensystem spricht – ungeachtet vieler Beratungsideologien, die es moralisieren, »ins System« zu geraten – im Prinzip nichts, solange Kunde und Berater sich über die Sinnhaftigkeit solch einer Aufgabenverteilung einig sind. Letztlich hängt es vom Selbstverständnis des Beraters bzw. seiner Rolle ab, wie er seine Aufgabe definiert. Wer eine langfristige Kundenbindung sucht, der kann derartige kompensatorische Funktionen übernehmen. Wer das nicht tut, der sollte sich bemühen, so zu intervenieren, dass alle für das Überleben des Systems wichtigen Aufgaben von Mitgliedern des Systems erledigt werden können.

4.3 Zeitdimension

Beratung findet zwar immer nur in der Gegenwart statt (»hier und jetzt«), aber sie dehnt sich zeitlich aus. Und das kann sie in unterschiedlicher Weise: von der Einmalberatung oder kurzzeitigen Kriseninterventionen über langfristige Beratungs- und Veränderungsprojekte bis hin zur lebenslangen Begleitung eines Klienten durch einen Berater »seines Vertrauens«.

Die Zeitdimension spielt für jede Form der Beratung eine wichtige Rolle, sei es die Fachberatung, die Prozessberatung oder die »dreidimensionale« systemische Beratung. Daher gehört es zu den unverzichtbaren Kompetenzen und Aufgaben des Beraters, den Blick auf die zeitliche Ordnung und Organisation sozialer wie auch sachbezogener Prozesse zu richten – nicht nur im Beratungssystem, sondern vor allem im Kundensystem. Es gibt z. B. Veränderungen, die diskontinuierlich (im Sinne einer Stufenfunktion) von einem Moment zum anderen erfolgen; andere erfordern kontinuierliche Entwicklungsschritte, die erst über längere Zeiträume zu makroskopisch beobachtbarem Wandel führen. Falls sich Kunden überhaupt Gedanken über den zeitlichen Aufwand von Veränderungs- oder Beratungsprozessen machen, so entsprechen ihre Erwartungen nicht unbedingt der zeitlichen Logik solcher Prozesse. Hier verfügt der Berater im Idealfall über Wissen und Erfahrungen, die dem Kunden verschlossen sind. Insofern ist es seine Aufgabe, Fragen der zeitlichen Organisation von Prozessen im Allgemeinen, der zeitlichen Organisation der Beratung im Speziellen zu thematisieren.

Der bewusste Umgang mit der Zeitdimension der Kommunikation spielt in der Beratung eine besondere Rolle, denn Gegenwart und Zukunft werden zwangsläufig immer zum Thema der Beratung. Sei es, dass in der Vergangenheit die Ursachen für aktuelle Probleme gesucht werden, sei es, dass eine glorreiche Zukunft angestrebt wird und durch-visioniert wird. Insofern gehören die gezielte Auswertung von positiven oder negativen Erfahrungen in der Vergangenheit und der planende Blick in die (ja immer unsichere und nicht vorhersehbare) Zukunft zu den unverzichtbaren Aufgaben des Beraters. Falls dies nicht oder nur unzureichend vom Kundensystem selbst getan wird, wird auch hier der Berater/die Beratung eine kompensatorische Funktion übernehmen müssen.

Praktische Konsequenzen:
Letztlich ist es keine Frage der Professionalität oder der Moral, welche Funktionen man als Berater für einen Klienten oder ein Kundensystem tatsächlich übernimmt, sondern eher eine Frage der professionellen Identität. Allerdings empfiehlt es sich, die Frage zu reflektieren, welche Rolle man denn (in jedem Einzelfall) für seinen Kunden oder sein Klientensystem spielen will. Denn nur dann wird man als Berater konsistent handeln können. Am einfachsten ist diese Frage wahrscheinlich für den sachorientierten Fachberater zu beantworten, der sich auf die Position des Fachmanns zurückziehen und es dem Kunden überlassen kann, was er mit seinem Rat oder seinen Vorschlägen anfängt.

Viel schwieriger ist diese Frage zu beantworten, wenn es sich um die Beratung sozialer Systeme handelt, wo die Chance sich »im System« zu verstricken ziemlich groß ist. Auf jeden Fall empfiehlt es sich zu beobachten, ob die »eigentlich« für eine Funktion Verantwortlichen sich vom Berater infrage gestellt sehen. Denn dann dürfte deren Kooperationsbereitschaft begrenzt sein, ja, es dürfte mit einer gewissen Wahrscheinlichkeit zum Abbruch der Beratung kommen. Oder aber, der Berater vollzieht konsequenterweise den logisch nächsten Schritt und übernimmt auch offiziell die Funktion eines Rollen- bzw. Funktionsträgers innerhalb des Systems. Bei den großen internationalen Unternehmensberatungsfirmen ist dies gang und gäbe, wenn Berater entweder als »Manager auf Zeit« oder dauerhaft den Schritt in die Linienfunktion einer Organisation vollziehen. All dies ist möglich, und es spricht wenig dafür, solche Schritte zu moralisieren, aber man sollte wenigsten ahnen, was man tut, wenn man von außen nach innen wechselt. Denn die phänomenologisch gleichen Handlungen verändern mit dem Kontextwechsel ihre Bedeutung, je nachdem, ob sie von einer »Führungskraft« oder einem »Berater« vollzogen werden, auch wenn der Mensch selbst sich nicht ändert oder nicht zu ändern vermeint.

4.4 Parteilichkeit und Neutralität

Ein prinzipieller Unterschied zwischen der Beratung von Einzelnen und sozialen Systemen bzw. deren Mitgliedern besteht in den unterschiedlichen Möglichkeiten, parteilich für den Kunden zu arbeiten, bzw. der Notwendigkeit, sich neutral gegenüber den beteiligten Parteien zu zeigen.

Wenn eine einzelne Person einen Berater engagiert, dann kann sie mit Fug und Recht davon ausgehen und verlangen, dass er ihre Interessen wahrnimmt und parteilich für sie agiert. Wenn aber am Beratungsprozess mehrere Personen (in welchen Rollen und mit welchen Funktionen auch immer) beteiligt sind, ist nicht anzunehmen, dass sie akzeptieren, dass sich der Berater – *im Konfliktfall (!)* – gegen sie stellt. Das heißt, er muss, wenn er dauerhaft arbeitsfähig sein will, als allparteilich oder zumindest neutral von allen an der Beratung beteiligten Akteuren erlebt werden.

Allparteilichkeit und *Neutralität* können dabei folgendermaßen unterschieden werden: Der allparteiliche Berater bemüht sich, allen Parteien das Gefühl zu vermitteln, er sorgt dafür, dass ihre Interessen gewahrt werden (Boszormenyi-Nagy 1981). Der neutrale gibt sich, weit bescheidener in seinem Anspruch an sich selbst und seine Funktion, damit zufrieden, wenn am Ende einer Sitzung bzw. während des Beratungsprozesses keiner der Beteiligten das Gefühl entwickelt, der Berater stehe auf der Seite der anderen Partei. Eine neutrale Position ist daher für den Berater weit leichter zu realisieren als eine allparteiliche (Selvini Palazzoli et al. 1980).

Ursprünglich sind beide Begriffe geprägt worden, um die Beziehungsebene bzw. die Sozialdimension der Kommunikation zu charakterisieren. Sie lassen sich aber auch auf die Sach- und die Zeitdimension anwenden – und damit auch in der Einzelberatung. Denn überall, wo es in der Beratung um Entscheidungen geht, kommt es (mehr oder weniger zwangsläufig) zum Konflikt zwischen den zur Wahl stehenden Optionen, und dieser Konflikt kann auch ein psychischer Konflikt eines Einzelnen sein, der die Qual der Wahl erlebt.

Aber aus konstruktivistischer Sicht wird die Angelegenheit noch komplizierter. Denn in Bezug auf konflikthafte Fragen und Themen (x vs. y), die zur Entscheidung stehen, gibt es nicht nur zwei mögliche Positionen (entweder x oder y), sondern mindestens vier, das heißt, zu den beiden Alternativen x oder y kommt noch die Option, die beides umfasst (sowohl x als auch y) und die Option, die keins von beidem umfasst (weder x noch y). Es handelt sich also nicht um Dilemmasituationen, sondern der Berater sieht sich mit einem »Tetralemma« konfrontiert (Varga von Kibéd u. Sparrer 2000; Simon 1988, S. 253 ff., 2001, S. 27; Abb. 7).

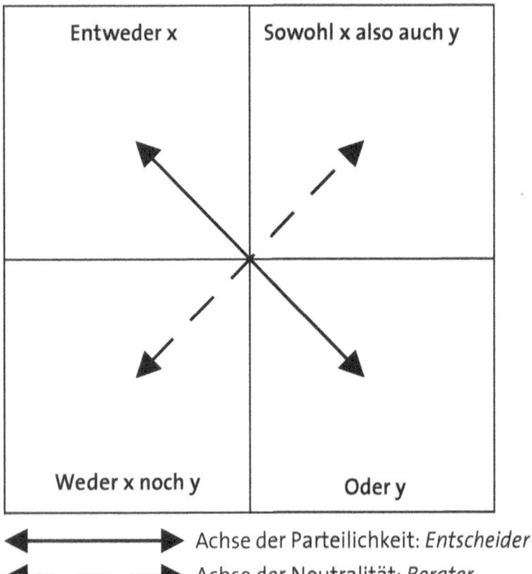

Abb. 7: Tetralemma: Unterschiedliche Funktionen von Entscheidern und Beratern

In Bezug auf die Positionierung in diesem Feld der Möglichkeiten ergeben sich – aus systemtheoretischer Perspektive – die größten Unterschiede zwischen der Rolle und Funktion von Leitungsfiguren und Verantwortlichen innerhalb eines Systems und Beratern. Denn wer Entscheidungen zu verantworten hat – sei es in einer Organisation, einer Familie oder für sich selbst –, wird sich irgendwann für eine der alternativen Optionen, die ihm offenstehen, entscheiden müssen. Dies gilt vor allem dann, wenn diese Optionen sich logisch gegenseitig ausschließen. Er muss dann auch die Konsequenzen seiner Entscheidung (oder deren Verzögerung oder Vermeidung) ausbaden. Der Berater hingegen ist in Bezug auf das Kundensystem in der Außenposition, das heißt, er muss die Folgen der Entscheidungen nicht persönlich tragen. Aber, und darin liegt seine Dienstleistung, er kann dem Klienten oder Kundensystem dabei helfen, all die Aspekte in seinen Entscheidungsprozess einzubeziehen, die nötig sind, um eine möglichst viele relevante Faktoren umfassende und nach menschlichem Ermessen gute und für ihn und seine aktuelle Lage passende Entscheidung zu treffen. Das kann er aber nur, wenn er nicht seine eigenen »Aktien im Spiel« hat oder »missioniert« oder »sein eigenes Pferd reitet« (oder wie immer man es metaphorisch ausdrücken mag, wenn der Berater sein eigener Kunde ist).

Aus konstruktivistischer Sicht gibt es unterschiedliche Typen von Konflikten, in denen die Neutralität des Beraters gefordert sein kann. Das fängt schon bei den Wirklichkeitskonstruktionen der Beteiligten an. Man kann widersprüchliche Beschreibungen, Erklärungen und Bewertungen liefern. Aus ihnen ergeben sich zwangsläufig unterschiedliche Handlungskonsequenzen. Wenn ein Berater die Ideen oder Ansichten, das Weltbild oder die Werte einer der beteiligten Parteien teilt oder übernimmt, verliert er seine Neutralität. Das heißt, er verliert sie nur – da sie ihm von seinen Kunden zugeschrieben wird –, wenn er das offenlegt oder »es« sich mitteilt. Er muss sich daher neutral *zeigen*, auch wenn er die Ansichten einer der beteiligten Parteien teilt. Das gilt nicht nur für Sach- und Beziehungsfragen, sondern auch für die Frage, ob Veränderung überhaupt notwendig ist, und wenn ja, wann ...

In der Praxis hat sich bewährt, drei Typen der Neutralität zu unterscheiden: *Parteineutralität, Konstruktneutralität* und *Veränderungsneutralität.*

Im ersten Fall (Parteineutralität) geht es darum, dass entweder die im Konflikt stehenden Parteien am Ende der Beratung beide die Sicherheit haben, dass der Berater ihre Interessen im Blick behält oder – leichter zu realisieren – dass er nicht auf der Seite des Gegners steht.

Im zweiten Fall (Konstruktneutralität) geht es darum, dass der Berater nicht eine der zur Wahl stehenden Wirklichkeitskonstruktionen (z. B. darüber, wie die Welt in der Zukunft aussehen wird) zu seiner eigenen macht. Stattdessen ist es seine Funktion, die Handlungskonsequenzen der jeweiligen Wirklichkeitskonstruktion ins Blickfeld der Kunden zu bringen, damit sie nicht die Illusion aufrechterhalten können, irgendwelche »objektiven Fakten« hätten sie der Notwendigkeit enthoben zu entscheiden (»Es gibt keine Alternative!«).

Und im dritten Fall (Veränderungsneutraltität) fokussiert der Berater die Aufmerksamkeit sowohl auf die Kosten-Nutzen-Rechnung für den Erhalt des Status quo wie für eventuelle Veränderungen. Das heißt, er macht sich nicht zum ambivalenzfreien Change Agent, sondern bringt die Chancen und Risiken von Veränderung wie Beharrung ins Blickfeld.

Aber, um das noch einmal ausdrücklich zu betonen: Der Kunde und das Kundensystem können vom Berater als einem von ihnen bezahlten Dienstleister Parteilichkeit für ihre Interessen erwarten. Daher stellt sich die Neutralitätsfrage nur, wenn es innerhalb des Kundensystems zu Konflikten kommt. Das ist erfahrungsgemäß immer dann der Fall, wenn gravierende Entscheidungen anstehen, deren Konsequenzen eine große Zahl von Menschen oder aber das Schicksal einer ganzen Organisation betreffen. In solchen Fällen ist – wieder ein Paradoxon – die Neutralität des Beraters eine Form der Parteilichkeit. Denn wo nicht entscheidbar ist, welche der jeweils zur Wahl stehenden und miteinander im Konflikt liegenden Optionen die bessere ist, weil dies erst die Zukunft zeigen wird, ist es im Interesse des Kundensystems, den Möglichkeitssinn zu nutzen und alle denkbaren Zukunftsszenarien durchzuspielen – soweit das überhaupt geht – und Kosten-Nutzen-Rechnungen zu erstellen, um so zu einer Entscheidung zu gelangen, in die alle verfügbaren Informationen einbezogen wurden.

Praktische Konsequenzen:

Da die Kunden entscheiden, ob der Berater neutral war (d. h., ob sie ihn als neutral erleben), kann der Berater die Verantwortung für seine Neutralität mit den Kunden teilen, indem er sie nicht nur fragt, ob er aus ihrer Sicht neutral war und allen Aspekten, die ihnen wichtig erscheinen, gerecht geworden ist, sondern sie auch auffordert, in Zukunft sofort zu signalisieren, wenn er ihrer Meinung nach die Neutralität verliert. Sollten sie seine Neutralität in Zweifel ziehen, kann er nicht nur Besserung geloben, sondern er hat die Möglichkeit gegenzusteuern …

Auf jeden Fall sollte der Berater die Frage seiner Neutralität selbst regelmäßig reflektieren, weil ihr Verlust fast immer mit dem Ende der Beratung verbunden ist.

5 Die Steuerung von Beratungsprozessen

5.1 Die Fokussierung der Aufmerksamkeit

Der Begriff der Steuerung suggeriert eine geradlinige Ursache-Wirkungs-Beziehung zwischen steuernden und gesteuerten Aktionen bzw. zwischen einem Akteur, der steuert, und einem, der gesteuert wird – eine Beziehung wie die zwischen einem Autofahrer, der am Lenkrad sitzt, und seinem Wagen, der in die durch die Bewegung des Steuerrades vorgegebene Richtung fährt. Da es solche »instruktiven« Beziehungen zwischen autopoietischen Systemen – seien es nun Individuen (psychische Systeme) oder soziale Systeme (Kommunikationssysteme) – nicht gibt, muss ein anderes Steuerungs- oder Leitungsmodell verwandt werden (siehe auch Willke 2001, 2005).

Was die autonomen und durch ihre internen Strukturen und Prozesse in ihrem Verhalten bestimmten Teilnehmer an einem Beratungsprozess miteinander verbindet und ihre Kommunikation überhaupt erst ermöglicht, ist das Teilen eines gemeinsamen *Fokus der Aufmerksamkeit*. Auch dies lässt sich durch einen Kreis auf einem Blatt Papier symbolisieren. Was im Fokus (= im Kreis) ist, wird von allen beobachtet, was nicht im Fokus ist (= außerhalb des Kreises), wird nicht von allen beobachtet und ist nicht Thema der Kommunikation, das heißt, *es gewinnt keine soziale Bedeutung*. Gelingt es, einen gemeinsamen Fokus der Aufmerksamkeit herzustellen (kleinster gemeinsamer Nenner der individuellen Beobachtungen), dann kann Kommunikation stattfinden – die *Koordination* und *Kopplung* von Aktionen und/oder Akteuren (seien es nun Individuen oder soziale Systeme wie Paare, Familien, Teams, Abteilungen, Organisationen etc.).

Jede Steuerung sozialer Prozesse erfolgt daher über die Fokussierung der Aufmerksamkeit. Das gilt auch für den Beratungsprozess. Unabhängig davon, welcher Theorie ein Berater folgen mag und ob er seinen Ansatz als direktiv oder nondirektiv versteht, er gibt dem Beratungsprozess schon allein dadurch eine Richtung, dass er bestimmte Phänomene oder Themen anspricht oder nicht anspricht, sie mimisch oder gestisch kommentiert usw. und dadurch die Aufmerksamkeit der an der Beratung beteiligten Personen beeinflusst. Daher kann ein Berater im Prinzip nicht *nicht* intervenieren und nicht *nicht* steuern: Er setzt die Agenda, er definiert implizit oder explizit, was wichtig und was unwichtig ist, welche Fragen in welcher Reihenfolge thematisiert werden usw. Das macht er zwar nicht allein, die Kunden müssen sich darauf einlassen und ihm bzw. seiner Fokussierung folgen (was nicht selbstverständlich ist), aber die Chance, dass sie das tun, ist groß, denn in der Regel treibt sie ja ein Anliegen in die Beratung. Trotzdem: Wenn die Fokussierung des Prozesses durch den Berater den Kunden nicht sinnvoll, plausibel oder nützlich erscheint, wird der Beratungsprozess ins Stocken geraten.

Praktische Konsequenzen:

Der Berater sollte nicht nur wissen, was er wissen will, er sollte auch Vorstellungen über die zeitliche Struktur und Dauer des Prozesses haben, sowie die Schritte, die nötig sind, um das Ziel der Beratung zu erreichen. Welche Vorstellungen das sind, hängt von seiner Theorie ab, genauer: wie er erklärt, was in der Beratung geschieht. Es ist daher nützlich, seine Beratungstheorie (welche das auch immer sein mag) daraufhin zu überprüfen, worauf in der Beratung die Aufmerksamkeit gerichtet sein sollte.

5.2 Vorher-nachher-Unterscheidungen

Aus der Außenperspektive können alle von den Beteiligten als »erfolgreich« bewerteten Beratungsprozesse folgendermaßen skizziert werden: Entweder sind nach einer *erfolgreichen* Beratung bestimmte Merkmale der Unterscheidung zu beobachten, die vorher *nicht* zu beobachten waren, oder aber es sind bestimmte Merkmale *nicht* mehr zu beobachten, die vorher zu beobachten waren. Was beide Unterscheidungen (Ist-Soll-Differenz) miteinander verbindet, ist der Beratungsprozess (Abb. 8).

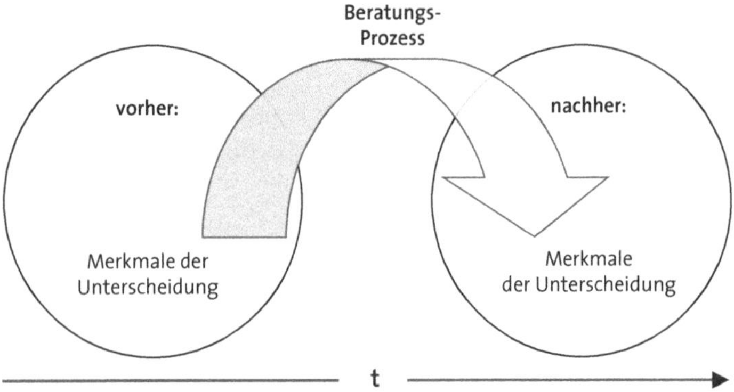

Abb. 8: Zielorientierung der Beratung

Wenn kein Vorher-nachher-Unterschied festzustellen ist, kann die Beratung trotzdem als erfolgreich bewertet werden, falls sie dazu diente, eine befürchtete Veränderung zu verhindern, das heißt, wenn es um Prophylaxe oder Vorsorge geht.

Dieser abstrakten, allgemeinen Struktur des Beratungsprozesses zum Trotz kann die konkrete Praxis der Beratung sehr unterschiedlichen Logiken folgen, die sich als »Problemorientierung« vs. »Lösungsorientierung« oder auch als »Vergangenheitsorientierung« vs. »Zukunftsorientierung« charakterisieren lassen. Ob eine Beratung die eine oder die andere Weichenstellung erfährt, hängt in der Regel vom Berater und dessen Konzepten von Veränderung ab. Denn sie bestimmen, worauf er seine Aufmerksamkeit richtet bzw. wohin er den Beratungsprozess bewusst oder unbewusst lenkt.

a) Problemorientierte Beratung: In diesem Fall leiten negativ bewertete Merkmale der Unterscheidung die Beobachtung und die Kommunikation. Ein Ist-Zustand oder gegebener Sachverhalt, der als »Problem« bewertet wird, soll sich verändern. Was bei gelungener Beratung an dessen Stelle treten soll, wird dabei in der Regel nicht definiert. Die Logik der problemorientierten Beratung lässt sich folgendermaßen skizzieren: von einem *definierten* Ist-Zustand zu einem *undefinierten* Soll-Zustand (Abb. 9).

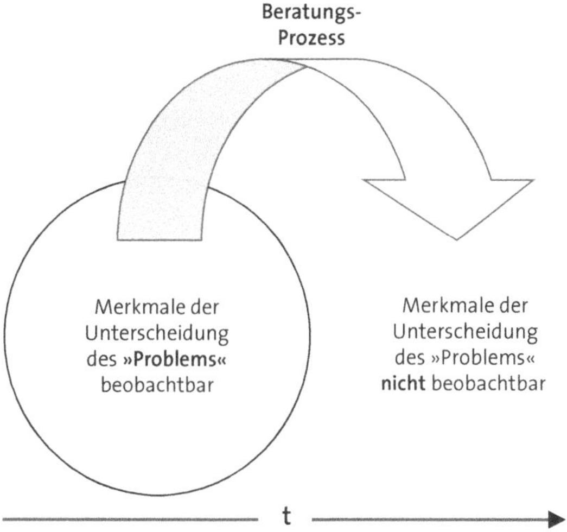

Abb. 9: Problemorientierung

Eine Schwierigkeit aller problemorientierten Beratungsansätze ist, dass ihr Erfolg *negativ* bestimmt ist, d. h. durch das *Verschwinden* bis dato beobachtbarer Merkmale. Deshalb ist er nicht wirklich objektivierbar, denn die *Merkmale des Problems,* die im Moment nicht wahrnehmbar sind, können jederzeit erneut in Erscheinung treten (ein Alkoholiker z. B. »ist trocken«, und wenn alle sich freuen, dass er aufgehört hat zu trinken, schüttet er sich wieder zu).

Die implizite Logik dieser Beratungsform lässt sich mit der Funktion eines Taxis vergleichen, in das ein Gast einsteigt, der sich in einer fremden Stadt verlaufen hat und in einem finsteren Rotlichtbezirk gelandet ist: »Egal wohin, nur weg hier!«, so könnte sein Auftrag an den Taxifahrer lauten.

b) Lösungsorientierte Beratung: Hier leiten *positiv* definierte und bewertete Merkmale der Unterscheidung die Beobachtung und die Kommunikation. Ein Zustand oder Sachverhalt, der als »Lösung«, »Ziel«, »Wunsch«, »Vision« etc. bewertet wird, soll erreicht werden, und er lässt sich durch das Auftreten *neuer,* bislang fehlender Merkmale beobachten. Es geht nicht primär um Gegenwart oder Vergangenheit, sondern um die Zukunft. Im Prinzip braucht der Ist-Zustand nicht definiert zu werden, sondern nur das erstrebte Ziel, der Soll-Zustand. Die Logik der lösungsorientierten Beratung lässt sich folgendermaßen skizzieren – von einem un*definierten* Ist-Zustand zu einem *definierten* Soll-Zustand (Abb. 10).

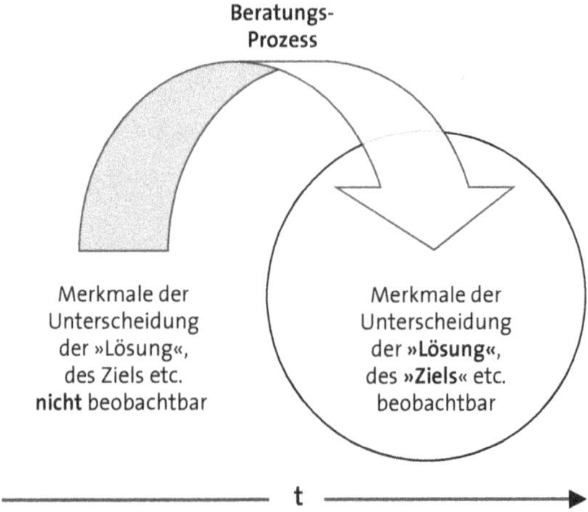

Abb. 10: Lösungsorientierung

Der Vorteil dieses Beratungsmodells liegt darin, dass es um eine noch zu gestaltende Zukunft geht. Dazu müssen Möglichkeitssinn und Kreativität genutzt werden, weniger analytische oder investigative Kompetenzen.

Um die implizite Logik auch dieser Beratungsform in Analogie zum Taxifahren zu setzen: Es ist, als ob ein Mensch, der sich in einer fremden Stadt verlaufen hat, ein Taxi besteigt und dem Fahrer Namen und Adresse seines Hotels nennt. Er muss gar nicht wissen, wo er sich im Augenblick befindet und wie er da hingelangt ist; es reicht zu wissen, wo er hinwill.

c) Vergangenheitsorientierte Beratung: Wenn die Vergangenheit zum Thema der Beratung wird, geht es fast immer um die

Konstruktion von Erklärungen (Kausalität). Dabei kann man dann wiederum entweder problemorientiert auf die Vergangenheit (= gegenwärtige Vergangenheit) blicken: Welches sind die in der Vergangenheit liegenden »Ursachen« für das Problem und/oder wer hat »Schuld« daran? Oder es kann lösungsorientiert die Vergangenheit erforscht werden: Wurden früher schon einmal Lösungen für analoge Situationen/Probleme/Fragestellungen gefunden und/oder vergleichbare Ziele erreicht? Und wenn ja, wie? Gab es früher mal Ausnahmen vom Problem? Was war da anders? Usw. (vgl. de Shazer 1989; White u. Epston 1990).

Wenn man die Frage nach »Schuld« *nicht* aus einer ethischen oder moralischen Perspektive betrachtet, sondern als Frage nach der *Möglichkeit der Einflussnahme*, so kann die Auswertung der Erfahrungen aus der Geschichte des Kunden(-systems) wichtige Hinweise auf dessen Ressourcen und möglicherweise nicht aktualisierte Lösungskompetenzen geben.

d) Zukunftsorientierte Beratung: Es liegt natürlich nahe, Zukunftsorientierung und Lösungsorientierung miteinander zu identifizieren. Aber das ist nicht zwangsläufig, denn auch im Blick auf die Zukunft kann problemorientiert gearbeitet werden: Wie muss wer sich verhalten, um ein Problem zu verschärfen, auf Dauer zu stellen und/oder Veränderungen zu verhindern? Oder auch: Was sind die nicht-intendierten, möglicherweise problematischen Nebenwirkungen von »Lösungen«? Wie lange wird/soll die Beratung dauern? Usw.

Ganz generell wird die Zeitdimension also auf vielfältige Weise genutzt. Beratung findet immer in der Gegenwart statt. Daher sind Vergangenheit und Zukunft, wenn sie thematisiert werden, immer als *gegenwärtige Vergangenheit* und *gegenwärtige Zukunft* zu betrachten (vgl. Luhmann 1984, S. 116 ff.). Wie die *vergangene Gegenwart* tatsächlich war, weiß keiner, und das gilt auch für die *zukünftige Gegenwart.* Aber letztlich spielt beides keine Rolle. Viel wichtiger ist, wie die aktuelle Beobachtung von Vergangenheit und Zukunft in der Beratung genutzt wird. Wird die Geschichte eines Individuums oder eines sozialen Systems als »Schicksal« betrachtet, das unausweichlich die Gegenwart bestimmt, oder ist es, beispielsweise, »nie zu spät eine glückliche Kindheit gehabt zu haben« (Furman u. Abao 2013)? Wird die Zukunft als eine Zeit betrachtet, die Handlungsmöglichkeiten eröffnet oder verschließt, auf die mit Hoffnung oder Verzweiflung geschaut wird? Vergessen werden darf bei keiner Form der Beratung, dass die Konstruktion jeder Geschichte (im Sinne von Historie wie von Story oder Script) Vergangenheit, Gegenwart und Zukunft umfasst. Worauf im Einzelfall die Aufmerksamkeit zu richten ist, sollte weniger von ideologischen als von pragmatischen Überlegungen bestimmt werden.

Praktische Konsequenzen:

Wer Beratung als begrenzte Dienstleistung versteht, sollte das Projekt lösungs- und zukunftsorientiert beginnen, d. h. die Aufmerksamkeit auf die Unterscheidungsmerkmale für das Erreichen des Beratungsziels lenken. Dabei ist es wichtig, sich das Ziel bzw. den Zustand nach erfolgreicher Beratung möglichst konkret beschreiben zu lassen. Am besten auf einer Phänomenebene, die nicht nur einem einzigen Beobachter zugänglich und daher interpersonell überprüfbar ist. Wenn also als Ziel genannt wird: »Mir geht es gut!« oder irgendwelche anderen psychischen Zustände, so ist das Erreichen des Ziels nur einem einzigen Beobachter zugänglich. Wenn das »Mir geht es gut« in Verhalten übersetzt wird (z. B.: »Was machen Sie anders, wenn es Ihnen gut geht? Wer merkt woran, dass es Ihnen gut geht?« usw.), kann interpersonell geprüft werden, ob die Beratung ihr Ziel erreicht. Gemeinsam mit den Klienten kann (immer wieder) reflektiert werden, ob sich der Prozess (noch) in die angestrebte Richtung entwickelt, und es kann ein Ende der Beratung festgelegt werden.

Solch eine Zieldefinition darf nicht im Sinne einer vertraglichen Vereinbarung verstanden werden, da sich Ziele im Verlauf der Beratung verändern können. Es geht bei der Thematisierung und Konkretisierung des Ziels daher mehr darum, die Verantwortung für die Lenkung des Prozesses bewusst mit den Kunden zu teilen und immer wieder zu überprüfen, ob die Beratung bzw. ihre Richtung aus seiner Sicht noch nützlich ist oder in eine andere Richtung gelenkt werden sollte.

Solch eine Explizierung des Anliegens des Kunden ist notwendig, um überhaupt sinnvoll beraten zu können. Denn oft geben ja Klienten den Auftrag, einen bestimmten Weg zu gehen, ohne sich Gedanken darüber gemacht zu haben, wo sie eigentlich hinwollen.

In die Vergangenheit zu schauen, lohnt sich immer dann, wenn Probleme auf Dauer gestellt sind oder sich wiederholen. Dann kann es hilfreich sein zu klären, welches die Mechanismen der Problemerzeugung und -erhaltung sind (und wahrscheinlich in Zukunft sein werden). Wenn ein Mensch – um bei dem bereits eingeführten Beispiel des Taxifahrens zu bleiben – sich zum wiederholten Male in unterschiedlichen fremden Städten in einen finsteren Rotlichtbezirk verirrt, dann ist die Frage, wie er da wieder rauskommt, zwar akut und kurzfristig hilfreich, aber für einen nachhaltigen *Beratungserfolg* ist es wichtig zu schauen, wie er es schafft, sich immer wieder dorthin zu verirren; oder auch, wie er es schon mal geschafft hat, nicht im Rotlichtbezirk zu landen usw.

Ohne hier irgendwelche Normen aufstellen zu wollen, lässt sich eine nützliche Fokussierung auf Vergangenheit, Gegenwart und Zukunft wie in Abb. 11 skizzieren.

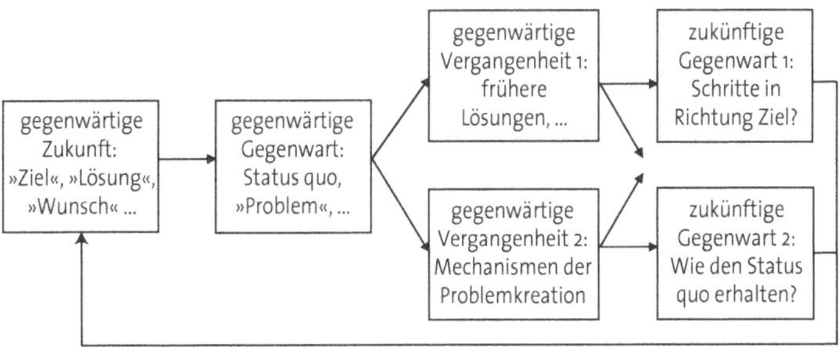

Abb. 11: Spielweisen von/mit Vergangenheit und Zukunft

5.3 Architektur und Design

Beratungsprozesse haben immer eine zeitliche Struktur und sie erfolgen immer in irgendwelchen Räumen (selbst wenn dies ein virtueller Raum sein sollte oder die Beratung am Telefon stattfindet). Daher sind auch die räumliche und zeitliche Strukturierung des Prozesses als originäre Beratungsleistungen zu betrachten. Hinzu kommt, dass auch die soziale Strukturierung des Prozesses (das heißt, wer wird wann wie in den Beratungsprozess eingebunden) nicht dem Zufall überlassen werden sollte. Nicht alle diese Aspekte lassen sich planen, aber einige doch zumindest tendenziell festlegen.

Wenn es – wie etwa im Coaching – um soziale und persönliche Fragestellungen und Entscheidungsfindungen eines Einzelklienten geht, deren Bearbeitung einen längeren Zeitraum erfordert, dann stellt sich auch hier die Frage nach der optimalen Zeitstruktur. Möglichst engmaschig, um in einen intensiven Prozess zu gelangen? Oder grobmaschig, um immer wieder neue Erfahrungen bearbeiten zu können?

Interessant ist die unterschiedliche räumliche Verortung von Beratung in unterschiedlichen Kontexten. Ganz generell gilt innerhalb des westlichen Kulturkreises, dass derjenige, dem das jeweilige Territorium gehört, auch Herr des Geschehens ist (»Heimspiel«). Daher ist die Frage, wer zu wem kommt, um zu beraten bzw. sich beraten zu lassen, auf der Beziehungsebene nicht unwichtig. Dabei gilt die Daumenregel, dass immer derjenige, der mehr vom anderen will als umgekehrt, den anderen aufsucht. Es ist letztlich eine Frage der impliziten Machtdefinition bzw. von Angebot und Nachfrage.

Im psychosozialen Bereich kommt meist der Klient zu dem Berater – z. B. in eine Beratungsstelle oder eine Praxis. Er hat ein Problem, einen Leidensdruck, eine Frage, die er allein nicht lösen kann. Ähnliches gilt auch für die Fachberatung, in der es – wie bei der Verbraucherberatung oder der Rechtsberatung – um Sachfragen geht, in denen ein Experte konsultiert wird. Man erhält einen Termin in der Kanzlei und sitzt – wie beim Arzt – im Wartezimmer (wo immer es Wartezimmer gibt, ist die Beziehungsdefinition klar: Für den Kunden ist die Beratung wichtiger als für den Berater).

Ganz anders stellt sich die Lage in der Organisations- und Unternehmensberatung dar. Hier werden Berater zu »Schönheitswettbewerben« auf das Territorium des potenziellen Auftraggebers eingeladen, wo sie – meist ohne viel Hintergrundinformationen – ihre Konzepte der Beratung vorstellen sollen und um den Auftrag mit anderen Beratern in Konkurrenz treten. Die Macht liegt beim Auftraggeber.

All dies sind keine Naturgesetze, und im Einzelfall müssen derartige territoriale Fragen keinerlei Bedeutung erlangen, aber dennoch empfiehlt es sich, der Frage nach einem geeigneten – eventuell neutralen – Ort für die Beratung einer Organisation oder Organisationseinheit eine gewisse Aufmerksamkeit zu schenken.

Solche Planungen und Entscheidungen gehören zur *Architektur* von Beratungsprozessen. Mit diesem Begriff soll der grobe zeitliche und soziale Rahmen für einen längerfristigen, differenzierten, unterschiedliche Akteure umfassenden Prozess bezeichnet werden. Es geht dabei um einen Zeitplan, wann welche Personen, Organisationen und/oder Organisationseinheiten in welchen Kommunikationsforen in den Prozess involviert werden sollen.

Das Schema in Abb. 12 gibt ein Beispiel für solch eine komplexe Architektur, bei der regelmäßige Sitzungen von Steuergruppen, Subprojekten, Gruppengesprächen usw. wie in einer Partitur geordnet sind.

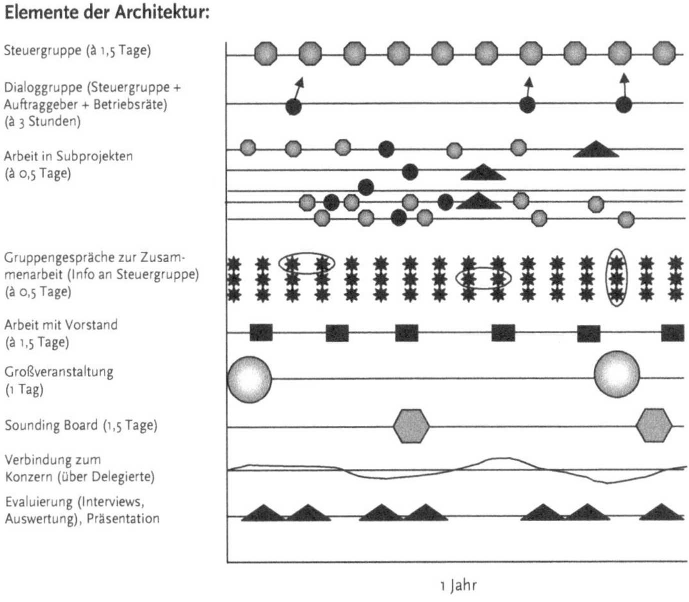

Abb. 12: Beispiel einer Beratungsarchitektur (aus Hillebrand et al. 2006, S. 91)

Solch eine komplexe zeitliche und soziale Architektur, die in ihrer konkreten Gestalt immer von der jeweiligen Zielsetzung des Projekts bestimmt ist, kann von einem Beraterteam wie auch von einem Einzelberater, der mit der oberen Führungsebene arbeitet, realisiert werden. Denn in einem Veränderungsprozess müssen Subprojekte, um nur ein Beispiel zu nennen, nicht immer von externen Beratern begleitet werden, falls die dazu nötigen Kompetenzen und Ressourcen bereits in der Organisation vorhanden sind. Es gilt dann eher, die Führungskräfte dabei zu beraten, welche Kommunikationsformen in welcher Phase des Prozesses von Nutzen sein könnten.

Vom *Design* der Beratung wird – im Gegensatz zur Architektur – gesprochen, wenn es um die Gestaltung konkreter Veranstaltungen (etwa eines Workshops o. Ä.) geht. Auch hier stellt sich die Frage, welche Akteure in welcher zeitlichen Abfolge zu welchen Themen wie miteinander in Kommunikation gebracht werden können/sollen/müssen. Im optimalen Fall folgen solche Veranstaltungen einer Dramaturgie, die für Spannung und Engagement der Beteiligten sorgt. Das gelingt erfahrungsgemäß nur dann, wenn Themen im Fokus der Aufmerksamkeit stehen – seien es Sach- oder Beziehungsfragen – die von den Teilnehmern als relevant erachtet werden, und sie selbst dabei zu Wort kommen und sich Gehör verschaffen können.

Praktische Konsequenzen:

Architektur und Design sind in der Praxis nicht klar zu trennen. Sie haben stets einen interventiven Charakter und verdienen daher eine hohe Aufmerksamkeit des Beraters. Ihre Gestaltung ist entscheidend für den Beratungsprozess, denn durch sie wird der Raum dessen, was in der Kommunikation möglich ist oder wird, erweitert oder eingeengt. Die aus handwerklicher Sicht zentrale Frage ist dabei: Wer muss wann mit wem wozu ins Gespräch gebracht werden? Im Laufe der Beratung müssen immer wieder Kommunikationsforen geschaffen werden, die im Routinebetrieb des Alltags nicht existieren. Erst dadurch wird Innovation in einem sozialen System möglich: Ohne neue Formen der Kommunikation nichts Neues! Da der Berater das Kundensystem weit weniger kennen kann als seine Auftraggeber, ist es eine zentrale Beratungsleistung, in enger Kooperation mit den Auftraggebern oder Verantwortungsträgern eine Architektur des Prozesses zu entwerfen. Das ist vor allem deshalb wichtig, weil in Organisationen formale Macht genutzt werden muss, damit überhaupt die Chance eröffnet wird, dass alle Mitspieler, die nicht »ungestraft weggedacht« werden können, in den Prozess einbezogen werden – vor allem, wenn sie keine unmittelbare persönliche Motivation haben, sich an solch einem Prozess zu beteiligen.

6 Interventionen

6.1 Interpretationsrahmen = Interventionsebenen

Berater haben keine formale Macht. Ihr Einfluss beruht allein auf der Art und Weise, wie sie sich an der Kommunikation beteiligen und wie wichtig sie bzw. ihre Äußerungen von den Kunden genommen werden. Sie können Veränderungen in einem Kundensystem oder bei einem Klienten auslösen, wenn ihre Fragen, Kommentare, Deutungen, Ratschläge usw. (all das soll hier unter dem Sammelbegriff »Interventionen« zusammengefasst sein) zu einem Wandel individueller oder kollektiver Weltbilder führen. Im schlechtesten Fall wird das, was der Berater sagt oder tut, als »Unsinn« oder »irrelevant« abgetan und schnell vergessen, im besten Fall führt es zu einem – manchmal radikalen – Umbau der handlungsleitenden Wirklichkeitskonstruktionen und in der Folge zu verändertem Verhalten einzelner Akteure und/oder zum Wandel der Kommunikationsmuster des Kundensystems.

Damit Menschen, die ja autonom und aufgrund ihrer eigenen psychischen Strukturen handeln, überhaupt miteinander kommunizieren können, müssen sie die von ihnen beobachteten Ereignisse auf ähnliche Weise interpretieren. Solche Deutungsschemata können auch als Medien verstanden werden, durch welche die Teilnehmer an der Kommunikation miteinander verbunden sind. Das Musterbeispiel dafür ist die Sprache. Sie hat gewisse formale Eigenheiten, denen jeder, der sie zur Kommunikation nutzen will, unterworfen ist (z. B. müssen kontinuierliche Abläufe in Einheiten »zerhackt« werden und Ereignisse, die gleichzeitig ablaufen, müssen in eine zeitliche Reihenfolge gebracht werden, wenn sie sprachlich dargestellt werden).

In Anlehnung an einem alltagstauglichen Vorschlag von Pearce und Cronen (1980, S. 131) lassen sich insgesamt sieben Typen von Medien unterscheiden. Sie wirken als Kontexte (Interpretationsrahmen, »frames«), welche die Deutung der Ereignisse durch die Beobachter leiten. Sie werden parallel wahrgenommen und zwischen ihnen besteht keine Hierarchie, sondern sie kommentieren sich gegenseitig. Daher können Inhalte, die auf der einen Ebene kommuniziert werden, auf einer anderen disqualifiziert werden (das macht, nebenbei bemerkt, die Raffinesse, aber auch die Paradoxieanfälligkeit menschlicher Kommunikation aus). Wenn die Teilnehmer an der Kommunikation sich in der Wahl der jeweiligen Deutungsrahmen einig sind, dann gelingt gegenseitiges Verstehen erfahrungsgemäß; wenn sie unterschiedliche Rahmen zugrunde legen, dann kommt es mit großer Wahrscheinlichkeit zu Missverständnissen oder zur Unentscheidbarkeit, was wer »meint«. All dies hat der Berater, dessen Wirkungsfeld die Kommunikation ist, in seinen Interventionen zu berücksichtigen. Er hat aber auch, das ist der handwerkliche Aspekt des Ganzen, die Wahl, auf welchen der Deutungsrahmen er sich beziehen will, das heißt, auf welcher Ebene er intervenieren will, kann, sollte (Abb. 13).

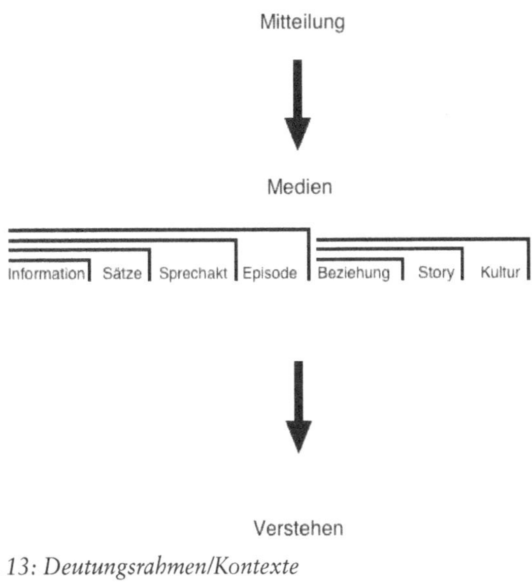

Abb. 13: Deutungsrahmen/Kontexte

Wenn ein Kunde, beispielsweise, über seine aktuelle Situation berichtet, dann liefert er irgendwelche (1) *Informationen,* das heißt, er schildert Unterschiede, die für ihn Unterschiede machen (siehe oben). Doch die Interpretation seiner Schilderung hängt nicht allein von den Informationen ab, die er liefert, sondern von der Art und Weise, wie er sie sprachlich darstellt, das heißt, wie seine (2) *Sätze* formuliert sind. Derselbe Sachverhalt kann durch ganz verschiedene Satzformen dargestellt werden, und diese Sätze können den mitgeteilten Informationen eine vollkommen unterschiedliche Färbung verleihen. Doch auch der Satz allein bestimmt nicht die Botschaft, die mitgeteilt oder gehört wird, denn jeder Satz ist in (3) einen *Sprechakt* eingebunden, das heißt, er ist von Mimik und Gestik des Sprechers, einem bestimmten Tonfall, Lautstärke und anderen analogen Signalen begleitet. Doch auch damit nicht genug: Denn der Sprecher und sein Sprechen, der gesamte Sprechakt, ist ja eingebunden in (4) eine *Interaktionsepisode.* In der Face-to-Face-Interaktion (unter Menschen, die sich zur selben Zeit im selben Raum aufhalten) wird jeder Satz, der von einem der Anwesenden gesprochen wird, immer im Kontext dessen interpretiert, was unmittelbar davor und danach geschieht. Er fügt sich in eine Szene, und die zeitliche Ordnung der Geschehnisse leitet ihre Interpretation (die immer eine Vielzahl von Varianten offenlässt).

Die bislang genannten Aspekte, wie etwa die Sequenz der Interaktionen und die Formulierung von Sätzen oder auch ihre nonverbale Kommentierung, lassen sich direkt durch außenstehende Zeugen beobachten. Anders sieht es bei den folgenden, nicht direkt sinnlich wahrnehmbaren Rahmungen aus. Hier ist als Erstes (5) die *Beziehung* zwischen den an der Kommunikation Beteiligten zu nennen. Die Bedeutung des Satzes »Das hast du ja wirklich ganz gut gemacht!« verändert sich in bemerkenswerter Weise, je nachdem, ob sie ein Vorgesetzter zu seinem Mitarbeiter sagt oder ein Mitarbeiter zu seinem Vorgesetzten (ganz unabhängig von all den Besonderheiten des Sprechaktes etc.).

Menschen denken in Geschichten (Schapp 1953). Und sie ordnen das, was ihnen widerfährt, in den dramaturgischen Rahmen von Geschichten. Geschichten sind dabei im Sinne von Storys oder

Scripts – von Märchen und Mythen über Romane, Theaterstücke und Soap-Operas bis hin zu der Geschichte, die von Historikern erzählt wird – zu verstehen. Storys bieten eine unvergleichliche Möglichkeit, höchst komplexe soziale Zusammenhänge, Beziehungsmuster und ihre zeitliche Veränderung, kondensiert zu kommunizieren. Daher werden Interaktionsepisoden und Beziehungen immer in den Kontext von erlebten oder fantasierten (6) *Geschichten* gestellt. Sie liefern nicht nur eine Folie für das aktuelle Erleben, sondern sie liefern implizit auch eine Vision für die Zukunft. Da es Geschichten mit einem bösen oder einem guten Ende gibt, wirken sie oft als selbsterfüllende Prophezeiungen. Es kann daher eine zentrale Aufgabe der Beratung sein, an derartigen Geschichten zu arbeiten, um ihre suggestive Kraft zu brechen oder auch zu nutzen.

All diese Interpretationsschemata sind eingebettet in die jeweiligen (7) *kulturellen Muster* (sei es der nationalen Kultur, sei es der Organisationskultur). In unterschiedlichen Kulturen werden nicht nur unterschiedliche Geschichten (z. B. die Gründungsmythen eines Unternehmens) erzählt, sondern auch unterschiedliche Erwartungen mit charakteristischen Beziehungen verbunden. Das gilt für private Beziehungen, wie etwa zwischen Eltern und Kindern (wo zu Beginn des 20. Jahrhunderts in Deutschland Eltern von ihren Kindern noch mit »Sie« angeredet wurden), wie für professionelle Beziehungen, zum Beispiel zwischen denen, die oben und unten in der Hierarchie stehen (so ist es in China oder Korea eher unwahrscheinlich, dass Kritik oder Widerspruch von unten nach oben kommuniziert wird).

Jeder Berater steht also vor der handwerklichen Frage, auf welchen der hier skizzierten Interpretationsrahmen er mit seinen Interventionen Bezug nehmen will. Beratung ist immer Kommunikation, sodass sich unterschiedliche Beratungsansätze entsprechend der skizzierten Interpretationsrahmen unterscheiden lassen:

(1) *Informationen:* Der Fachberater, der seine Aufgabe rein sachlich definiert, gibt sich meist damit zufrieden, sachbezogene – d. h. den jeweiligen Kontext ausblendend – Informationen zu liefern. Das Risiko ist, dass er dabei weder seine Beziehung zu sei-

nem Klienten bzw. dem Kundensystem reflektiert, noch die Beziehungen und Geschichten, die der Sachfrage für den Kunden oder das Klientensystem ihre Bedeutung verleihen, sieht.

(2) *Sätze:* Hier sind PR- und Medienberater, Ghostwriter und Coaches am Werk, die darauf achten, dass Botschaften »richtig« kommuniziert werden.

(3) *Sprechakt:* Der klassische Kommunikationstrainer wird sein Augenmerk auf die gewählten Worte und den »Ton, der die Musik macht«, richten.

(4) *Interaktionsepisode:* Wer als Berater an der »strategischen« Schule orientiert ist, wird sich mit den konkreten Interaktionsmustern, ihrer Widersprüchlichkeit und den manchmal gravierenden Unterschieden zwischen Absicht und Wirkung individuellen Verhaltens beschäftigen.

(5) *Beziehung:* Berater der »strukturellen« Schule, die klare – manchmal auch normative – Vorstellungen davon haben, wie Beziehungen gestaltet sein sollten, richten ihr Augenmerk vor allem auf die hierarchischen Beziehungen innerhalb von Kundensystemen.

(6) *Geschichten:* Der »narrative« Ansatz der Beratung versucht, die Storys und Mythen des Kundensystems zu dekonstruieren, die mit dem Problem verbunden sind, bzw. die Konstruktion neuer Geschichten, die Lösungsideen suggerieren, zu initiieren.

(7) *Kulturelle Muster:* Wer sich der »interkulturellen Beratung« verschrieben hat, versucht bei den im Rahmen der Globalisierung oder von Fusionen immer wieder stattfindenden Konfrontationen unterschiedlicher Weltbilder und Werte die Möglichkeiten der Kooperation zu verbessern.

Letztlich ist es problematisch, sich in der Beratung allein auf eine der skizzierten Ebenen zu beschränken. Die Kunst der Beratung und die Kompetenz des Beraters bestehen darin, alle genannten Dimensionen im Blick zu behalten und aktuell auf die Ebene zu fokussieren, die dem Ziel der Beratung am dienlichsten ist. Wo es, beispielsweise, um strukturelle Konflikte (= Beziehung) innerhalb einer Organisation geht, wird wenig durch die Veränderung charakteristischer Interaktionsepisoden oder Sprechakte gewonnen. Es gilt also jeweils zu wählen, auf welcher Ebene sich am sinnvollsten Erklärungen, d. h. generierende Mechanismen für die Entstehung von Problemen oder Lösungen, konstruieren lassen und welche Interventionen in diesem Sinne wirksam werden können.

Praktische Konsequenzen:
Es gibt keinen roten Faden, nach dem in der Beratung Thema für Thema abgearbeitet werden könnte. In der Kommunikation können viele Aspekte, z. B. Inhalts- und Beziehungsfragen, gleichzeitig behandelt werden. Soziale Systeme sind nicht fadenförmig organisiert. Sie sind durch das Wechselspiel unterschiedlicher und unterschiedlich abstrakter Kommunikationsebenen bestimmt. Wer in der damit verbundenen Komplexität nicht untergehen will, kann sich an dem dargestellten Schema orientieren, um herauszufinden, welcher Bezugsrahmen für das beobachtbare Geschehen und die gegebenen Ziele am nützlichsten zu verwenden ist. Beratung – wie Leben generell – heißt immer in gewissem Maße Kontext-Hopping, das heißt, sie erfordert Kontext-Sensibilität und Kontext-Flexibilität.

6.2 Interventionslogik: Einzelberatung

Menschen lassen sich generell nur schwer beraten (selbst wenn sie um Rat bitten). Das hat nicht so sehr damit zu tun, dass sie unwillig wären, auf fremden Rat zu hören, als mit den Stabilisierungsmechanismen von Weltbildern. Sie sind nämlich zirkulär (tautologisch) organisiert, oder anders gesagt: Sie erhalten ihre Konsistenz und Widerspruchsfreiheit durch Zirkelschlüsse.

Im Laufe des Lebens, der primären und sekundären Sozialisation, in der Familie, der Schule und bei der Arbeit macht jedes Individuum Erfahrungen und zieht daraus seine Schlüsse. Ein Lernprozess, der zwar ewig dauern könnte, das aber nur selten tut. Denn irgendwann ist der Zeitpunkt gekommen, wo das individuelle Weltbild sich stabilisiert, wo alles Neue, was geschieht, im Sinne früherer Erfahrungen eingeordnet (also wie Altes kategorisiert) und interpretiert wird. Die Schemata der Wahrnehmung

(Beschreibung) der Welt sind fixiert und gleichermaßen die Erklärungen und Bewertungen der so beobachteten Phänomene. Man »weiß«, wie die Welt funktioniert, und Wissen ist eine Form der Lernbehinderung. Solange man nichts weiß, kann man noch reinen Herzens – ohne Verlust an Gewissheiten – lernen, wenn man etwas weiß oder zu wissen glaubt, dann erfordert das Neulernen erst einmal ein *Ent-Lernen,* was immer mit dem Verlust von Sicherheit und oft mit Verwirrung verbunden ist. Alte, lieb gewonnene Wahrheiten, mit denen man bislang ganz gut durchs Leben kam, aufzugeben, ist ein Wagnis, das nur wenige Menschen ohne Not auf sich nehmen (daher steigt die Bereitschaft sich beraten zu lassen mit dem Erleben des Scheiterns bzw. des damit verbundenen Leidensdrucks).

Wer in der Einzelberatung erfolgreich sein will, ist mit der paradoxen Handlungsaufforderung konfrontiert, dass er an die »inneren Landkarten«, die Alltagstheorien, Überzeugungen und Glaubenssysteme seines Klienten Anschluss finden muss – das heißt, was immer er ihm rät oder anbietet, muss aus der Sicht des Klienten sinnvoll erscheinen. Aber gleichzeitig muss er mit seinen Interventionen dieses Weltbild und damit viele Sicherheit und Orientierung spendende persönliche Wahrheiten infrage stellen. Das gelingt meist nur, wenn die Beziehung zum Berater hinreichend Sicherheit (Vertrauen) bietet, um sich auf das Risiko der Veränderung einzulassen.

Wenn es um reine Fachfragen geht, in denen der Kunde sich selbst als Laie definiert, braucht sich an der Struktur der inneren Landkarte des Kunden nichts zu ändern, denn der Berater bzw. seine Informationen und Ratschläge füllen lediglich weiße Flecke auf dieser Landkarte aus.

Erheblich schwerer wird es, wenn die Prämissen (die inneren Landkarten selbst), die das Handeln des Klienten leiten, zur Debatte stehen. Wenn deren Veränderung angestrebt wird, hilft es, sich die Logik der Nicht-Veränderung, d. h. der zirkulären Stabilisierung des individuellen Weltbildes, vor Augen zu halten (Abb. 14).

Im Laufe des Lebens sammelt sich bei jedem Menschen (selbstorganisiert) eine Menge von Vorannahmen (Prämissen) darüber,

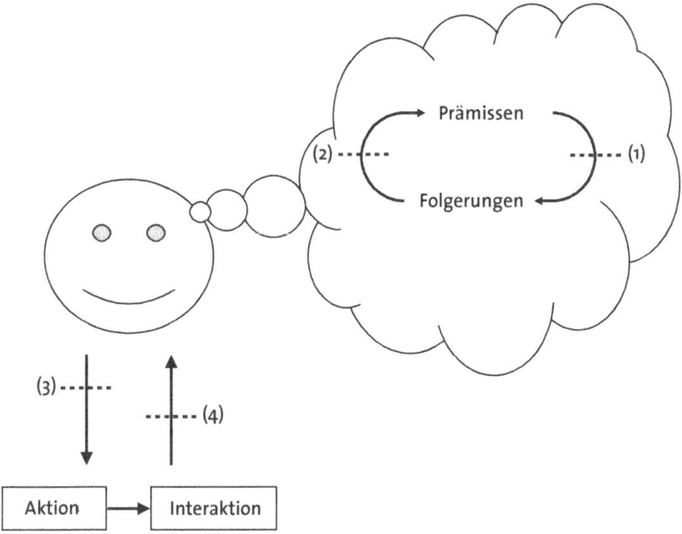

Abb. 14: Interventionslogik: Kopplung Individuum (»innere Landkarte«)/Interaktionssystem

wie die Welt funktioniert, an, die sein Verhalten entscheiden. Dabei handelt es sich um lang eingeübte senso-motorische Muster, aber auch vermeintliche Wahrheiten (Beschreibungs-, Erklärungs- und Bewertungsschemata), die bewusst und unbewusst als selbstverständlich und gegeben vorausgesetzt werden. Aus diesen Vorannahmen ergeben sich dann – vermeintlich logische – Schlüsse, die ihrerseits die Vorannahmen bestätigen. So kommt es dazu, dass Weltbilder sich schließen und gegen neue Einsichten immunisieren.

Das ist »an sich« höchst ökonomisch, solange es gelingt, mit den alten inneren Landkarten an sein Ziel zu gelangen. Problematisch wird dies erst, wenn das nicht mehr funktioniert. Das ist dann der Moment, wo guter Rat teuer ist und der Berater ins Spiel kommt.

Da niemand die psychischen Prozesse eines anderen Menschen direkt beobachten oder gar verändern kann, können lediglich Hypothesen darüber aus dessen Verhalten, d. h. der Teilnahme an der Interaktion/Kommunikation, abgeleitet werden. Im einfachsten Fall kann man ihn fragen, was er meint, denkt oder fühlt; in den komplizierteren Fällen lässt sich über die psychischen Strukturen eines anderen lediglich aufgrund seines (mehr oder weniger merkwürdigen) Verhaltens mutmaßen. Man mag sich dabei auf die Erkenntnisse der akademischen Psychologie beziehen, auf Persönlichkeitstheorien, Gesetzmäßigkeiten der Psychodynamik, allgemein zu findende affektiv-kognitive Muster, neuere Erkenntnisse der Hirnforschung usw., aber die Nicht-Beobachtbarkeit einer fremden Psyche sorgt stets dafür, dass die Interventionen des Beraters trotz aller wissenschaftlicher Begründung in der Einzelberatung immer etwas wacklige Grundlagen haben.

Trotzdem kann die Logik wirksamer (d. h. verändernder) Interventionen skizziert werden und als Basis beraterischen Handelns genutzt werden. Der gemeinsame Nenner aller Interventionen liegt in der Zirkularität zwischen Prämissen und Folgerungen. Dabei kann zwischen Interventionen, die alte Stabilisierungszirkel unterbrechen, und Interventionen, die neue Zirkel etablieren, unterschieden werden (vgl. Abb. 14).

Interventionstyp 1 zielt auf die Verknüpfung von Prämissen und Folgerungen. Wenn für den Berater die Folgerungen des Klienten nicht selbstverständlich sind und/oder andere Folgerungen aus denselben Prämissen als möglich erscheinen, dann ist der Zirkel unterbrochen, bzw. wenn andere Folgerungen eingeführt werden, dann können sich alternative selbstbestätigende Zirkel etablieren.

Das Gegenstück dazu liefert der Interventionstyp 2, der darauf zielt, den Zirkel dadurch aufzubrechen, dass Folgerungen die alten Prämissen infrage stellen oder gar zu neuen, alternativen Prämissen führen.

Klassische Beispiele für diese Art der Intervention liefern die sokratischen Dialoge, in denen Sokrates stets durch seine Fragen dafür sorgte, dass seine Gesprächspartner mit den Folgerungen ihrer Vorannahmen in einer Weise konfrontiert wurden, dass sie sich in Widersprüche verwickelten. So wurde für sie eine Veränderung ihrer Sichtweisen der Welt, d. h. ihrer Prämissen, notwendig.

Hinzu kommt noch, dass kein Mensch über ein 100 % konsistentes Weltbild verfügt. Er agiert aktuell, d. h. hier und jetzt, immer aufgrund der aktuellen sozialen Situation und seiner körperlichen und psychischen Befindlichkeit. Er besitzt keine Zeit überdauernden, in den Personalausweis eintragbaren, persönlichen Eigenschaften, sondern seine Reaktionsmuster, die affektiv-kognitiven Schemata, die sein Verhalten bestimmen, entsprechen eher dem Modell einer Kontext-Persönlichkeit oder unterschiedlicher Ich-Zustände. Und diese kontextabhängigen Prämissen individuellen Handelns können extrem widersprüchlich sein. Das Weltbild des Individuums ist, um in der geografischen Metaphorik der Landkarten zu bleiben, aus *Konsistenz-Inseln* zusammengesetzt. Im Augenblick des aktuellen Agierens befindet man sich auf solch einer Insel, ist mit sich im Reinen, und die Widersprüche zu dem, was man gestern oder vorgestern gedacht, gefühlt, gesagt oder getan hat, werden in dem Moment nicht bewusst. Aber dem außenstehenden Beobachter, z. B. einem Berater, der eine Person über längere Zeit beobachtet (aber das kann auch der Selbstbeobachter sein), fallen derartige Widersprüche auf. Er kann den Blick auf unterschiedliche Konsistenzinseln richten, sie zueinander in Beziehung setzen und gemeinsam mit dem Klienten versuchen, diese Widersprüche aufzuheben, d. h. auf einer höheren Ebene eine Lösung zu finden oder eine Entscheidung herbeizuführen, auf welcher der Inseln sich denn langfristig besser weiterleben lässt.

Der dritte Typus von Interventionen (3) zielt auf die Verknüpfung von Wirklichkeitskonstruktionen und Verhalten, genauer gesagt: auf die Verhaltensweisen, die sich aus den Prämissen wie Folgerungen eines Kunden ergeben. Er muss nicht unbedingt sein Weltbild radikal verändern, um sich neue Handlungsoptionen zu erschließen. Denn es ist möglich, bei prinzipiell nur wenig oder gar nicht veränderten Überzeugungen, etwas Neues auszuprobieren. Hier geht es darum, mit neuen Verhaltensweisen zu experimentieren, die bislang – aus welchen Gründen auch immer – unterlassen wurden.

Der letzte Interventionstyp (4) zielt darauf, aus den Reaktionen auf das eigene Verhalten in der Interaktion und Kommunikation mit anderen, neuartige Konsequenzen zu ziehen, d. h. auf die Kopplung des individuellen Weltbilds mit den praktizierten Interaktions- und Kommunikationsmustern eines sozialen Systems. Das kann etwa dadurch geschehen, dass die Reaktionen anderer auf das Verhalten des Klienten auf eine neue Weise beobachtet oder anders erklärt und bewertet werden usw.

Im oben genannten Beispiel des Mannes, der in die Hände klatscht, um die Elefanten zu verscheuchen, würde im Sinne des dritten Interventionstyps versucht werden, diesem Menschen gute Gründe dafür zu liefern, dass er mal auf das Händeklatschen verzichtet. Denn dann hat er die Chance zu bemerken, dass auch ohne seine Gegenmaßnahmen die Elefanten nicht erscheinen. Die Alternative dazu wäre (Interventionstyp 4), mit ihm in den Zoo zu gehen, um ihm in der direkten Interaktion mit Elefanten die Erfahrung zu vermitteln, dass die Elefanten sich durch sein Händeklatschen nicht wirklich verscheuchen lassen.

Praktische Konsequenzen:
Die hier analytisch getrennten Interventionstypen werden in der Praxis der Beratung miteinander kombiniert. Selbst im einfachsten Fall, wo einem Klienten ein direkter, sachbezogener Rat gegeben wird oder ihm eine bestimmte Handlungsweise nahegelegt wird, bedarf es des Bezugs auf die Prämissen, die sein Handeln leiten, sei es, dass sie zur Begründung der vorgeschlagenen Verhaltensweisen dienen, sei es, dass sie oder die aus ihnen abgeleiteten Folgerungen infrage gestellt werden.

Um überhaupt Relevanz zu gewinnen, wird jeder Berater sich in seinen Interventionen zunächst an das Weltbild des Kunden, d. h. an dessen Prämissensystem, anpassen müssen. Von dieser Basis aus kann er dann die Aufmerksamkeit auf bislang unbeachtete Phänomene richten oder Umdeutungen und Umbewertungen für bekannte Phänomene anbieten. Durch die Art, wie er sich in der Interaktion mit seinem Klienten oder Kundensystem verhält, kann er ihm korrigierende, d. h. alternative, neue und alte Prämissen infrage stellende Erfahrungen ermöglichen. Doch all dies bleibt nur ein Angebot, weil der Kunde darüber entscheidet, welche Erklärungen und Bewertungen er als plausibel erachtet und welche neuen Erfahrungsmöglichkeiten er nutzt – bzw. ob er sie überhaupt als neu bewertet.

Das Mitgehen (»pacing«) mit den Sichtweisen des Kunden erhöht beim Klienten die Wahrscheinlichkeit der Entstehung dessen, was Hypnotherapeuten als »Ja-Haltung« bezeichnen: bewusste oder unbewusste Zustimmung, ein Kopfnicken, die Bereitschaft, dem Berater nicht nur zuzuhören, sondern vielleicht sogar auf ihn zu hören. Erst in einem zweiten Schritt können dann alternative Sichtweisen durch den Berater in die Kommunikation gebracht werden (»leading«).

6.3 Interventionslogik: Beratung sozialer Systeme

Auch soziale Systeme, seien es Familien, Teams, Organisationen, stabilisieren ihre Strukturen in Form sich selbst bestätigender, repetitiver Muster der Interaktion. Etwas einfacher formuliert: Es wird einfach immer wieder dasselbe getan, und das geschieht, weil die Beteiligten morgen das tun werden, was sie heute tun, und das ist das, was sie gestern getan haben. Und als Beteiligter verhält man sich so, weil man erwartet, dass dies von einem erwartet wird (= Erwartungs-Erwartungen).

Die Logik der Stabilisierung sozialer Interaktions- und Kommunikationsmuster entspricht wieder – wie bei der individuellen Wirklichkeitskonstruktion – einem Zirkelschluss, der sich schematisch folgendermaßen skizzieren lässt: Auf Aktion A folgen die Aktionen B, C, … N, auf die wiederum Aktion A folgt und alles von vorn beginnt. Dies ist die Gestalt von Routinen.

Die Stabilität sozialer Strukturen ist daran gebunden, dass derartige »Routinen«, »Gewohnheiten«, »Regelhaftigkeiten«, »Spiele«, »Traditionen«, »Sitten«, »Gebräuche« (wie immer man diese Muster nennen mag) immer wieder aufs Neue re-inszeniert werden. Eine Paradoxie sozialer Systeme (eine von vielen) besteht also darin, dass *Stabilität* das Resultat einer spezifischen Form der *Dynamik* ist: *Auch Nicht-Veränderung muss aktiv hergestellt werden.* Und das gilt gleichermaßen für Zustände und Situationen, die als »Problem« wie als »Lösung« bewertet werden (vgl. Abb. 15).

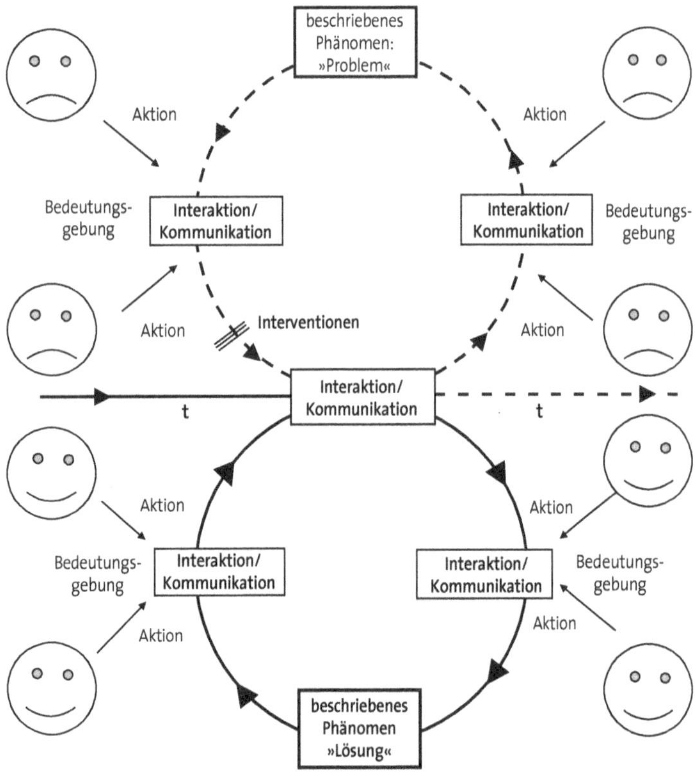

Abb. 15: Die Unterbrechung von »Problem«-Zirkeln und die Etablierung von »Lösungs«-Zirkeln

Diese zirkuläre Dynamik bildet die Grundlage für alle Interventionsformen (also nicht nur die eines Beraters, sondern auch die von verantwortlichen Leitungspersonen). Dabei kann wieder zwischen Problem- und Lösungsorientierung unterschieden werden. Denn es erfordert eine andere Art der Intervention, wenn ein als »Problem« definiertes Phänomen *beseitigt* werden soll, als wenn ein noch nicht existentes, als »Lösung« oder »Ziel« erstrebtes

Phänomen *erreicht* und – das ist der entscheidende Punkt – *auf Dauer gestellt* werden soll.

Auf eine einfache Formel gebracht, lässt sich sagen: Hat man es mit einem Problemsystem zu tun, so wird dort etwas *getan, was besser unterlassen würde.* Hat man es mit einem System zu tun, in dem ein neues, bislang nicht erreichtes Ziel angestrebt wird, so wird dort (noch) etwas *unterlassen, was besser getan würde.* Es muss herausgefunden werden, was das ist und wer das tun könnte.

Im Fall der Problembeseitigung geht es darum, einen zirkulären Mechanismus, der dafür sorgt, dass das »Problem« nicht nur einmal, sondern dauerhaft produziert wird, zu unterbrechen. Im zweiten Fall, der Suche nach einer »Lösung« oder dem Erstreben eines »Ziels«, muss nicht nur solch ein zirkulärer Mechanismus, den es bislang ja noch nicht gibt, erfunden werden, sondern es müssen auch die dazu nötigen Akteure ins Boot geholt und zur Kooperation motiviert werden. Das ist nicht nur schwierig, weil es gilt, die geeigneten Mitspieler zu finden, sondern selbst wenn sie gefunden sind, ist noch nicht gesagt, dass es gelingt, sie bzw. ihre Aktionen so zu koordinieren, dass das erstrebte Ziel erreicht wird – und das nicht nur ein Mal, sondern routinemäßig immer wieder. Es bedarf also vollkommen unterschiedlicher Interventionsformen, um Probleme zu beseitigen und Lösungen zu finden und zu stabilisieren.

In sozialen Systemen, vor allem in größeren Systemen wie Organisationen, eröffnet sich durch die Unterscheidung dieser beiden Interventionsrichtungen die Möglichkeit, Lösungen zu finden – mit bislang nicht involvierten Akteuren –, auch wenn das Problem noch weiter produziert wird (andere Leute, andere Abteilungen, die parallel anders und in andere Richtungen arbeiten). Es müssen nicht dieselben Akteure sein, die Problem und Lösung herbeiführen/aufrechterhalten.

In kleineren Systemen wie Familien oder Teams, in denen die Zahl der Akteure und ihre Austauschbarkeit begrenzt ist, ist mit der Etablierung eines Lösungsmusters meist die Unterbrechung des Problemmusters verbunden, wenn bzw. weil die konkreten Personen nicht gleichzeitig unterschiedliche Handlungen vollziehen können.

Praktische Konsequenzen:
Da die Interventionsrichtung davon abhängt, ob es primär um die Beseitigung von Problemen oder die Etablierung neuer, bislang noch unbekannter Lösungsmuster geht, ist eine diagnostische Unterscheidung aus pragmatischen Gründen nützlich. Die grundlegende Frage lautet: Wer (welche Akteure) oder was (welche Aktionen) können ungestraft weggedacht werden?

Letztlich empfiehlt sich aus ökonomischen Gründen, mit dem kleinsten beratbaren System zu arbeiten, d. h. mit den Personen oder Organisationseinheiten, die tatsächlich etwas ändern können. Wenn sie bislang den Problemzirkel erhalten haben, so geht es darum, ihn zu unterbrechen. Da es einfacher ist, etwas, was man tun kann (z. B. Klavierspielen), zu unterlassen (nicht Klavier zu spielen), statt etwas zu tun (Klavierspielen), was man bislang noch getan hat und möglicherweise auch gar nicht kann, ist die Behebung von aktiv produzierten Problemen immer der einfachere Beratungsauftrag. Viel schwerer ist es, neue Strukturen, Prozesse, Muster einzuführen und zu implementieren.

Wichtig ist, im Auge zu behalten, dass die beiden Typen von Beratungsaufträgen einer unterschiedlichen Interventionslogik folgen. Hinzu kommt, dass bei der Beseitigung von Problemen erfahrungsgemäß auch eine andere Motivation im Kundensystem besteht, wenn das Problem erlebbar ist und zu einem Leidensdruck bei den Beteiligten führt, als bei Neustrukturierungen.

7 Kontextuelles

7.1 *Beratung vs. Therapie*

Wenn das sprichwörtliche kleine grüne Männchen vom Mars auf die Erde käme und nacheinander – oder parallel – eine Therapie- und eine Beratungssitzung beobachten könnte, würde es einen Unterschied feststellen? Diese Frage stellt sich, wenn Therapie wie Beratung auf psychosoziale Themen bezogen ist. Bei einer chirurgischen Intervention stellt sich die Frage ebenso wenig wie bei der Steuerberatung. Also: Wie lässt sich eine Psychotherapiesitzung mit einer einzelnen Person von einer Beratungssitzung mit einer einzelnen Person unterscheiden? Wie eine Paarberatung von einer Paartherapie, eine Familienberatung von einer Familientherapie? Und wie sieht es mit größeren sozialen Systemen aus? Kein Mensch spricht von Teamtherapie oder Organisationstherapie, obwohl genügend Leute sich öffentlich darüber äußern, dass irgendwelche Organisationen »krank« sind.

Grund für diese Unklarheiten ist die Übertragung des Therapiebegriffs, der traditionell für die Behandlung von Kranken bzw. Krankheiten steht, auf psychosoziale Fragestellungen. Damit verbunden ist ein spezifisches Beziehungsmuster zwischen Arzt und Patient, bei dem der Arzt der Wissende ist (»Halbgott in Weiß«) und der Patient (wörtlich übersetzt: der »Leidende«) das Objekt ärztlichen, kurativen Handelns.

Es gibt gute Argumente dafür zu sagen, dass es sich bei der Verwendung des Krankheits- und Therapiebegriffs lediglich um eine unpassende (und durch die Partikularinteressen spezifischer Berufsgruppen geleitete) Metaphorik handelt: Begriffe, die zur Beschreibung und Erklärung biologischer Phänomene nützlich sind, werden auf psychische und soziale Phänomene übertragen und aus ihnen werden dann (Be-)Handlungsstrategien abgeleitet (vgl. Szasz 2013). Die Folgen sind weiter reichend. Wenn irgendein Verfahren als »Therapie« bezeichnet wird, dann hat dies rechtliche Implikationen. Es geht um »Heilkunde«, die nicht von jedermann ausgeübt werden kann und darf. Der Staat etabliert daher Standards, die den Zugang zu derartigen Professionen regelt, sodass das Vertrauen in die staatlich vorgegebenen Ausbildungs- und Prüfungsverfahren an die Stelle des Vertrauens in konkrete Personen treten kann. Wenn man keinen Arzt kennt, kann man die Gelben Seiten aufschlagen oder im Internet recherchieren und sich die Adresse des nächstgelegenen Arztes suchen und sicher sein, dass er studiert hat, Examina und Weiterbildungen absolviert hat etc.

Die Rolle des Heilers unterscheidet sich von der des Beraters insofern, als dass Beratung im Prinzip jedermann anbieten darf, Therapie aber nicht. Verbunden mit diesen Rollenunterschieden sind Haftungsfragen, das heißt, es gibt Regeln der »ärztlichen Kunst«, die zu befolgen sind. Die Verantwortung für die therapeutischen Maßnahmen liegt daher beim Arzt, nicht beim Patienten.

Der Organismus des Patienten ist Gegenstand der ärztlichen Expertise, und in Bezug auf den Körper und seine Belange kann der Arzt – wenn er konsultiert (!) wird – auch beraten. Aber er ist weit mehr als nur Fachberater, denn er interveniert auch in den Organismus. Wenn es, beispielsweise, zu einer Über- oder Unterfunktion eines Organs kommt (die meisten Diagnosen beginnen mit »Hypo«- oder »Hyper«-…), so kann er kompensatorisch die zu wenig vom Organismus produzierten Stoffe substituieren (z. B. Insulin bei Diabetes) oder versuchen, deren Überproduktion durch spezifische, antagonistisch wirkende Medikamente zu hemmen (z. B. bei Hyperthyreose, der Überfunktion der Schilddrüse). Oder aber, wenn beispielsweise ein Knochen gebrochen ist, dann kann er die beiden Enden zusammennageln, wodurch für die beiden Knochenteile die Möglichkeit geschaffen wird, zusammenzuwachsen (der Nagel verbindet die Knochen nicht dauerhaft, sondern er schafft die Möglichkeit zur Selbstheilung) (vgl. Simon 1995, S. 77 ff.).

Der Objektcharakter des Organismus resultiert aus der nur begrenzten Möglichkeit der Selbsttherapie des Individuums. Kein noch so kompetenter Chirurg kann sich selbst das Herz transplantieren. Hier ist die Subjekt-Objekt-Unterscheidung der Therapie grundlegend: Der Organismus des Patienten ist das zu therapierende System, der Therapeut ist außerhalb dieses Systems positioniert und interveniert von dort *in* das »kranke« System.

Vergleicht man die skizzierten Mechanismen der Beratung mit denen, die in einer therapeutischen Beziehung wirksam werden, so wird auf den ersten Blick klar, dass der Therapeut nicht direkt in das »kranke« oder hilfsbedürftige System – die Psyche seines Patienten – intervenieren kann. Was er tun kann, ist immer nur Teilnahme an Kommunikation – d. h. der Kommunikation mit seinem Patienten oder Klienten. Und das ist nichts anderes als Beratung.

Das gilt für die Einzeltherapie, aber analog auch für die Paar- oder Familientherapie. Auch dort kann der »Therapeut« (d. h. der Berater) nicht in die psychischen Systeme seiner Klienten intervenieren, aber – und das ist ein gravierender Unterschied zur Arbeit mit Einzelnen – er kann sehr wohl (vergleichbar den Interventionen des Arztes in einen Organismus) als Teilnehmer an der Kommunikation kompensatorische (substituierende/hemmende) Funktionen für das Kommunikationssystem »Paar« oder »Familie« oder auch für ein Team oder eine Organisation übernehmen. Er kann Themen ansprechen, die bislang tabuisiert wurden, Konflikte vom Zaune brechen, die bislang unter der Decke gehalten wurden, Kontrolle anbieten, wo bislang Kontrollverlust praktiziert wurde, strukturieren, wo Chaos herrschte, usw. Hier wäre also noch am ehesten die Therapie-Metapher angebracht – mehr als in der Einzelberatung.

Der entscheidende Faktor, warum sich der Begriff der Psychotherapie etablieren konnte, dürfte aber die Übertragung des Krankheitskonzepts auf psychische und/oder soziale Phänomene sein. Die Therapie- und Krankheits-Metaphorik ist generell mit einer schweren Hypothek belastet, die sie aus dem medizinischen Kontext übernommen hat: Jede – wenn auch vielleicht nur implizite – Orientierung an der Idee der Krankheit und/oder der Gesundheit ist mit dem Risiko der Normativität verbunden, d. h. der Vorstellung, wie eine »gesunde« Psyche oder ein »gesundes« soziales System (ob nun Paar, Familie, Team oder Organisation) strukturiert sein sollte. Dies ist deswegen so problematisch, weil die Variationsbreite von Strukturen, die mit dem Überleben kompatibel sind, bei psychischen und sozialen Systemen erheblich weiter ist als bei Organismen. Die Evolution sozialer Formen erfolgt erheblich rascher als die biologischer Strukturen. Hier eine quasi naturalistische Normativität zu unterstellen, wird der Flexibilität und Anpassungsfähigkeit psychischer und sozialer Systeme nicht gerecht. Daher ist es problematisch, wenn Berater sich zum Anwalt spezifischer Normen und Werte machen, über die sie keine Einigkeit mit ihren Klienten oder Kundensystemen erzielt haben. Letztlich sind Beratung und Therapie immer Dienstleistungen für den Kunden/Klienten/Patienten. Und es geht immer um die Schaffung einer für deren Ziele und Zwecke nützlichen sozialen Umwelt (= Kommunikationssystem), die ihnen – autonom und innengesteuert – erlaubt, Veränderungen zu vollziehen, die sie ohne Beratung nicht vollzogen hätten, oder Veränderungen zu vermeiden, die sie ohne Beratung vollzogen hätten.

Praktische Konsequenzen:
Ein wesentlicher Unterschied zwischen Therapie und Beratung besteht in der Kontextmarkierung. Der Kontext »Therapie« definiert rechtlich und was die Erwartungen der Beteiligten angeht die Thematisierung anderer Inhalte, eine andere Beziehung zwischen Berater und Klient, eine andere Verantwortlichkeit für das Geschehen, eine andere Honorierung des Beraters, andere Zugangsvoraussetzungen zur Profession (z. B. Ärzte und Psychologen, aber keine Sozialarbeiter) usw. Die pragmatisch wichtigste Folge ist, dass sich die Therapeut-Patienten-Beziehung radikal von der Berater-Klient-Beziehung unterscheiden kann. Die »mächtigere« Position hat in einer Beziehung immer derjenige, der weniger vom anderen will als umgekehrt. Und diese Frage ist in der Therapie geklärt (deswegen durften und dürfen in manchen Ländern Therapeuten keine Werbung machen). Der Patient leidet, und der Therapeut ist der Helfer. In der Beratung ist es nicht so klar, wer wen mehr braucht. In der Organisationsberatung sind z. B. »Schönheitswettbewerbe« üblich, wo verschiedene Berater oder Beratungsfirmen um einen Auftrag konkurrieren. Auch wenn oft dieselben handwerklichen Techniken und Methoden in Beratung und Therapie angewandt werden, ändert der jeweilige Kontext ihre Bedeutung.

Deshalb könnte das kleine grüne Männchen vom Mars im konkreten Fall phänomenologisch das, was ein Einzeltherapeut tut, wahrscheinlich nicht von dem unterscheiden, was ein Einzelberater macht. Es mag persönliche Themen geben, die z. B. ein Business-Coach vermeidet, weil er sich nicht traut und seine Verantwortung begrenzen will oder weil sie ihm emotional »zu heiß« sind, und es mag Fachthemen geben, die ein Therapeut, wenn er klug ist, vermeidet (z. B. Steuerfragen seines Patienten), aber, was beide tun, kann als Beratung in dem in diesem Buch definierten Sinne verstanden werden. Und auch ein Paar- oder Familienberater tut nichts anderes als ein Paar- oder Familientherapeut. Von Organisationstherapie wird wahrscheinlich deswegen nicht gesprochen, weil die Aufgabenorientierung von Organisationen und die größere Austauschbarkeit ihrer Mitglieder die Übertragung personenzentrierter Konzepte wie »Krankheit« oder »Gesundheit« nicht so ohne Weiteres suggeriert. Deshalb ist es vor allem für Berater mit einem therapeutischen Hintergrund wichtig, sich der im Rahmen der eigenen beruflichen Sozialisation meist erworbenen Pathologieorientierung bewusst zu sein und sich vor ihr zu hüten.

7.2 Die »Haltung« des Beraters

In der Beratungsliteratur wird viel über die »Haltung« des Beraters geschrieben. Trotz der Einladung zur Ironie, die mit diesem Begriff verbunden ist (»orthopädisches Modell der Beratung«), sind Einstellung und Selbstverständnis des Beraters für den Beratungsprozess höchst relevante Faktoren. Es geht dabei um die Wirklichkeitskonstruktion des Beraters bzw. dessen Folgen für die Beratungsmethodik und -technik sowie das Beziehungsangebot an die Klienten oder Kundensysteme.

Berater, die davon überzeugt sind, dass ihre Theorie ein Abbild der Wirklichkeit liefert und Kausalzusammenhänge erfasst, die objektiv *wahr* sind, werden ein anderes Beziehungsangebot machen als Konstruktivisten, die davon ausgehen, dass jede Theorie ein Konstrukt ist und man dieselben Phänomene auch anders erklären könnte.

Systemtheorie und Konstruktivismus richten ihre Aufmerksamkeit auf die strukturelle Kopplung zwischen psychischen und sozialen Prozessen: Wie beeinflussen psychische Muster Kommunikationsprozesse, und wie beeinflussen kommunikative Muster psychische Prozesse?

Wer als Berater solche Fragen an seine Klienten und Kundensysteme stellt, muss sie – wenn er konsequent und konsistent sein will – auch sich selbst bzw. in Bezug auf das Beratungssystem stellen. Die Folge auf der Handlungsebene aus all den oben skizzierten theoretischen Prämissen ist das, was oft als spezifische »Haltung« des Beraters beschrieben wird:

Wer weiß, dass er weder das Kundensystem noch das Beratungssystem unter Kontrolle (»in den Griff«) bekommen kann und dass die Zukunft generell nicht vorhersehbar ist, wird gelassener mit unvorhergesehenen Ereignissen umgehen. Er wird auch seine Verantwortung auf das begrenzen, worüber er selbst entscheiden kann (sein Verhalten) und mit dem Eigensinn und der Autonomie seiner Klienten rechnen. Das heißt nicht, dass er es als beliebig erachtet, was er tut, denn er kann ja Einfluss auf die konkrete Strukturierung des Beratungssystems nehmen. Aber er vermeidet den erkenntnistheoretischen Irrtum, sich alles, was im positiven oder negativen Sinn geschieht, kausal zuzurechnen. Und er ist sich bewusst, dass Beratung eine Form der Kooperation ist, die unter Erwachsenen am besten auf Augenhöhe gelingt. Das bedeutet, dass er sich auf der einen Seite seiner eigenen Expertise (was die Funktionsweise psychischer und/oder sozialer Systeme angeht) bewusst ist, aber sich ebenso darüber klar ist, dass der Klient seine Ziele selbst realisieren muss und meist über die Kompetenzen und Ressourcen dazu verfügt. Dieses Bewusstsein führt zu einem symmetrischen Beziehungsangebot und im Idealfall zu einer aus Sicht aller Beteiligten gelingenden Kooperation.

8 Statt einer Zusammenfassung: eine Geschichte vom Pferd

Milton Erickson berichtet in seinen Lehrgeschichten, dass eines Tages ein Pferd in den Bauernhof seines Vaters gelaufen sei. Das Pferd hatte kein Brandzeichen. Der junge Milton übernahm die Aufgabe, das Pferd zu den Besitzern zu bringen. Er bestieg das Pferd, »führte es zurück auf die Straße und überließ dann dem Pferd die Entscheidung, den Weg zu wählen. Er griff nur ein, wenn das Pferd die Straße verließ, um zu grasen oder um auf ein Feld zu gehen. Als das Pferd schließlich nach mehreren Meilen auf dem Hof eines Nachbarn ankam, fragte dieser: »Woher wusstet du, dass dies unser Pferd ist?«

Erickson sagte: »Ich wusste es nicht, aber das Pferd wusste es. Ich habe nur dafür gesorgt, dass es auf der Straße blieb« (Erickson 1982, S. 50).

Die Analogie zwischen einem Pferd und einem Klienten oder Kundensystem mag auf den ersten Blick etwas verstören. Doch die Parallele ist offensichtlich. Sowohl psychische Systeme als auch soziale Systeme sind – wie Organismen – autopoietische, durch ihre innere Struktur in ihrem Verhalten gesteuerte, autonome Systeme. Sie können von außen nicht im Sinne einer geradlinigen Ursache-Wirkungs-Beziehung kontrolliert werden. Aber sie können sehr genau beobachtet werden, und es kann so mit ihnen kommuniziert werden, dass sie selbst an jeder »Wegzweigung« die Entscheidungen treffen können, die sie den von ihnen selbst festgelegten Zielen näher bringen.

Literatur

Baecker, D. (2011): Organisation und Störung. Berlin (Suhrkamp).

Bateson, G. (1967): Kybernetische Erklärung. In: Ders. (1972): Ökologie des Geistes. Frankfurt (Suhrkamp), 1981, S. 515–529.

Boszormenyi-Nagy, I. (1981): Kontextuelle Therapie. Therapeutische Strategien zur Schaffung von Vertrauen. *Familiendynamik* 6: 176–195.

Ciompi, L. (1982): Affektlogik. Über die Struktur der Psyche und ihre Entwicklung. Ein Beitrag zur Schizophrenieforschung. Stuttgart (Klett-Cotta).

de Shazer, S. (1982): Muster familientherapeutischer Kurzzeit-Therapie. Heidelberg (Carl-Auer), Neuaufl. 2012

de Shazer, S. (1989): Der Dreh. Überraschende Wendungen und Lösungen in der Kurzzeittherapie. Heidelberg (Carl-Auer), 12. Aufl. 2012.

Dicks, H. (1967): Marital Tensions: Clinical studies towards a psychological theory of interaction. New York (Basic Books).

Doppler, K., C. Lauterburg (2008): Change Management. Den Unternehmenswandel gestalten. Frankfurt (Campus), 12. Aufl.

Erickson, M. (1982): Die Lehrgeschichten von Milton H. Erickson. Salzhausen (Iskopress), 9. Aufl. 2011.

Foerster, H. von, B. Pörksen (2003): Wahrheit ist die Erfindung eines Lügners. Heidelberg (Carl-Auer), 5. Aufl.

Freud, S. (1912): Zur Dynamik der Übertragung. In: Gesammelte Werke. Frankfurt (Fischer), Bd. VIII, S. 364–374.

Fuchs, P. (2005): Die Psyche. Studien zur Innenwelt der Außenwelt. Weilerswist (Velbrück).

Furman, B., R. Abao (2013): Es ist nie zu spät eine glückliche Kindheit gehabt zu haben. Dortmund (Borgmann).

Garfinkel, H. (1967): Studies in Ethnomethodology. Englewood Cliffs, NJ (Prentice-Hall).

Gigerenzer, G. (2008): Bauchentscheidungen. Die Intelligenz des Unbewussten und die Macht der Intuition. München (Goldmann).

Glasersfeld, E. von (1997): Wege des Wissens. Konstruktivistische Erkundungen durch unser Denken. Heidelberg (Carl-Auer).

Glasl, F. (2010): Konfliktmanagement. Bern (Haupt), 9., aktual. u. erg. Aufl.

Hall, E. T. (1959): The Silent Language. New York (Doubleday).
Hofstadter, D. (1979): Gödel, Escher, Bach. Ein endloses geflochtenes Band. Stuttgart (Klett-Cotta), 1985.
Hillebrand, M., E. Sonuc, R. Königswieser (Hrsg.) (2006): Essenzen der systemischen Organisationsberatung. Heidelberg (Carl-Auer).
Königswieser, R., E. Sonuc, J. Gebhardt (2008): Komplementärberatung. Das Zusammenspiel von Fach- und Prozeß-Know-how. Stuttgart (Schäffer-Poeschel).
Königswieser, R., R. Wimmer, F. B. Simon (2013): Back To The Roots? Die neue Aktualität der (»systemischen«) Gruppendynamik. *Organisationsentwicklung* 32 (1): 65–73.
Korzybski, A. (1933): Science and sanity. New York (Int. Non-Aristotelian Library), 5. Aufl. 1993.
Krizanits, J. (2009): Die systemische Organisationsberatung – wie sie wurde, was sie wird. Wien (Facultas).
Krizanits, J. (2011): Professionsfeld Inhouse Consulting. Heidelberg (Carl-Auer).
Lakoff, G., M. Johnson (1980): Leben in Metaphern. Konstruktion und Gebrauch von Sprachbildern. Heidelberg (Carl-Auer), 7. Aufl. 2011.
Luhmann, N. (1984): Soziale Systeme. Grundriss einer allgemeinen Theorie. Frankfurt (Suhrkamp).
Luhmann, N. (1997): Die Gesellschaft der Gesellschaft. Frankfurt (Suhrkamp).
Luhmann, N. (2000): Organisation und Entscheidung. Frankfurt (Suhrkamp).
March, J. G., H. A. Simon (1993): Organizations. Cambridge, MA (Basil Blackwell), 2. Aufl.
Maturana, H., F. Varela (1970): Biologie der Kognition. In: H. Maturana (1982): Erkennen: Die Organisation und Verkörperung von Wirklichkeit. Braunschweig (Vieweg), S. 32–80.
Maturana, H. (1975): Die Organisation des Lebendigen: eine Theorie der lebendigen Organisation. In: H. Maturana (1982): Erkennen: Die Organisation und Verkörperung von Wirklichkeit. Braunschweig (Vieweg), S. 136–156.
Maturana, H. (1978): Repräsentation und Kommunikation. In: H. Maturana (1982): Erkennen: Die Organisation und Verkörperung von Wirklichkeit. Braunschweig (Vieweg) S. 272–296.
Pearce, W. B., V. E. Cronen (1980): Communication, action, and meaning. New York (Praeger).

Peirce, C. S. (1898): Das Denken und die Logik des Universums. Die Vorlesungen der Cambridge Conferences von 1898. Frankfurt (Suhrkamp), 2002.

Schapp, W. (1953): In Geschichten verstrickt. Zum Sein von Mensch und Ding. Frankfurt (Klostermann), 4. Aufl. 2004.

Schein, E. H. (2009): Prozess und Philosophie des Helfens. Bergisch-Gladbach (Edition Humanistische Psychologie – EHP), 2010.

Selvini, M. (Hrsg.) (1992): Mara Selvinis Revolutionen. Die Entstehung des Mailänder Modells. Heidelberg (Carl-Auer).

Selvini Palazzoli, M., L. Boscolo, G. Cecchin, G. Prata (1980): Hypothetisieren – Zirkularität – Neutralität: drei Richtlinien für den Leiter der Sitzung. *Familiendynamik* 6 (2): 123–139.

Simon, F. B. (1988): Unterschiede, die Unterschiede machen. Klinische Epistemologie: Grundlage einer systemischen Psychiatrie und Psychosomatik. Überarbeitete Taschenbuchausgabe, Frankfurt (Suhrkamp), 5. Aufl. 2011.

Simon, F. B. (1990): Meine Psychose, mein Fahrrad und ich. Zur Selbstorganisation der Verrücktheit. Heidelberg (Carl-Auer), 12. Aufl. 2012.

Simon, F. B. (1995): Die andere Seite der Gesundheit. Ansätze einer systemischen Krankheits- und Therapietheorie. Heidelberg (Carl-Auer), 3., überarb. Aufl. 2012.

Simon, F. B. (2001): Tödliche Konflikte. Zur Selbstorganisation privater und öffentlicher Kriege. Heidelberg (Carl-Auer), 2., erw. u. korr. Aufl. 2004.

Simon, F. B. (2004): Gemeinsam sind wir blöd. Die Intelligenz von Unternehmen, Managern und Märkten. Heidelberg (Carl-Auer), 4. Aufl. 2013.

Simon, F. B. (2006): Einführung in Systemtheorie und Konstruktivismus. Heidelberg (Carl-Auer), 6. Aufl. 2013.

Simon, F. B. (2007): Einführung in die systemische Organisationstheorie. Heidelberg (Carl-Auer), 4. Aufl. 2013.

Simon, F. B. (2010): Einführung in die Systemtheorie des Konflikts. Heidelberg (Carl-Auer), 2. Aufl. 2012.

Simon, F. B., C. Rech-Simon (1999): Zirkuläres Fragen. Systemische Therapie in Fallbeispielen. Ein Lernbuch. Heidelberg (Carl-Auer), 10. Aufl. 2013.

Spencer-Brown, G. (1969): Laws of Form. New York (Dutton), 2. Aufl. 1979.

Szasz, T. (2013): Geisteskrankheit – Ein moderner Mythos. Heidelberg (Carl-Auer), überarb. Neuaufl.

Varga von Kibéd, M., I. Sparrer (2000): Ganz im Gegenteil. Tetralemmaarbeit und andere Grundformen Systemischer Strukturaufstellungen. Heidelberg (Carl-Auer), 7. Aufl. 2011.

Watzlawick, P. (1983): Anleitung zum Unglücklichsein. München (Piper).

Watzlawick, P., J. H. Beavin, D. D. Jackson (1967): Menschliche Kommunikation. Bern (Huber), 1969.

Watzlawick, P., J. H. Weakland, R. Fisch (1974): Lösungen. Zur Theorie und Praxis menschlichen Wandels Bern (Huber).

Weick, K. (1979): Der Prozeß des Organisierens. Frankfurt (Suhrkamp), 1985.

Weick, K. (1995): Sensemaking in Organizations. Thousand Oaks, CA (Sage Publications).

White, M., D. Epston (1990): Die Zähmung der Monster. Der narrative Ansatz in der Familientherapie. Heidelberg (Carl-Auer), 6. Aufl. 2013.

Willi, J. (1975): Die Zweierbeziehung. Reinbek (Rowohlt).

Willke, H. (2001): Systemtheorie III: Steuerungstheorie. Stuttgart (UTB-Fischer), 3. Aufl.

Willke, H. (2005): Systemtheorie II: Interventionstheorie. Suttgart (UTB-Fischer), 4. Aufl.

Wimmer, R. (1998): Das Team als besonderer Leistungsträger in Organisationen. In: H. W. Ahlemeyer, R. Königswieser (Hrsg.) (1998): Komplexität managen. Wiesbaden (Frankfurter Allgemeine), S. 105–130.

Wimmer, R. (2004): Organisation und Beratung. Systemtheoretische Perspektiven für die Praxis. Heidelberg (Carl-Auer), 2. Aufl. 2012.

Wimmer, R., J. O. Meissner, P. Wolf (Hrsg.) (2009): Praktische Organisationswissenschaft: Ein Lehrbuch für Studium und Beruf. Heidelberg (Carl-Auer).

Wimmer, R., K. Glatzel, T. Lieckweg (2014): Beratung im Dritten Modus. Heidelberg (Carl-Auer).

Wittgenstein, L. (1952): Philosophische Untersuchungen. Werkausgabe Bd. I. Frankfurt (Suhrkamp), 1984.

Über den Autor

Fritz B. Simon, Dr. med., Univ.-Prof.; Studium der Medizin und Soziologie; Psychiater und Psychoanalytiker, systemischer Therapeut und Organisationsberater. Forschungsschwerpunkt: Organisations- und Desorganisationsprozesse in psychischen und sozialen Systemen. Autor bzw. Herausgeber von ca. 300 wissenschaftlichen Fachartikeln und 37 Büchern, die in 15 Sprachen übersetzt sind, u. a.: *Zirkuläres Fragen* (1999), *Tödliche Konflikte* (2001), *Die Familie des Familienunternehmens* (2002), *Gemeinsam sind wir blöd!?* (2004), *Mehr-Generationen-Familienunternehmen* (2005), *Einführung in Systemtheorie und Konstruktivismus* (2006), *Einführung in die systemische Organisationstheorie* (2007), *Einführung in die systemische Wirtschaftstheorie* (2009), *Einführung in die Systemtheorie des Konflikts* (2010), *»Zhong De Ban« oder: Wie die Psychotherapie nach China kam* (2011), *Einführung in die Theorie des Familienunternehmens* (2012), *Wenn rechts links ist und links rechts* (2013) und *Formen. Zur Kopplung von Organismus, Psyche und sozialen Systemen* (2018), *Anleitung zum Populismus* (2019), *Der Streit ums Nadelöhr* (2019), *Lockdown: Das Anhalten der Welt* (2020). *Formen (reloaded)* (2022), *Stalin und der Apparat* (2023), *Die kommenden Diktaturen* (2024), *Gewalt gegen sich selbst – Paradoxe Formen des Widerstands* (2025).